数字肢体语言

线上高效沟通的艺术

HOW TO BUILD TRUST AND CONNECTION, NO MATTER THE DISTANCE

DIGITAL
BODY
LANGUAGE

[美]埃丽卡·德旺——著
Erica Dhawan

潘不寒————译

中国出版集团
中译出版社

致卡玛娅（Kimaya）和罗翰（Rohan），
感谢你们鼓励我永远保持好奇心。
致拉胡尔（Rahul），感谢你一直信任我。

第六章 自信合作
数字时代的团队合作

第七章 充分信任
创新的提速与深化

结语 253
附录 257
参考文献 285
致谢 294
作者介绍 297

179

第三部分 跨越差异的数字肢体语言

第八章 性别
他说,她说,那些人说

第九章 代际沟通
老派与新派

第十章 文化
差异与碰撞

目 录

前言 I

第一部分　数字元素的风格

第一章　什么是数字肢体语言？

第二章　为什么你的压力这么大？
驾驭权力博弈和焦虑情绪

第三章　你究竟想要表达什么？
如何读懂他人话中所指

第二部分　数字肢体语言的四大法则

第四章　显性重视
停止对我的不尊重！

第五章　细心沟通
打字之前要三思

前　言

在与人合著了我的第一本书《连接时代：激发潜能、搞定大事的连接思维》(*Get Big Things Done: The Power of Connectional Intelligence*)之后，我去往世界各地，与多个企业及其领导团队就"21世纪合作所面临的挑战"这一主题进行了交流和探讨。我的使命是帮助企业或组织应对管理全球、多代、矩阵化和虚拟团队的实际挑战与困难。

我所到之处，同样的问题不断涌现：如何让团队内部或不同团队之间的成员彼此相互联系？如何帮助年龄不同、工作方式不同且不常见面的同事进行有效沟通？为什么提升信任度、营造参与感和培养承担风险的能力似乎无比困难？此外，为什么个人在沟通中往往词不达意，产生意想不到的后果，引发焦虑？

随着和客户一起解决问题的次数增多，这些问题的"罪魁祸首"也浮出水面：它就是让我们在很多方面获得"自由"的数字化工具。我们未能处理好电子邮件、短信、演示文稿、Zoom等新型数字化沟通方式带来的副作用，造成了交流中普遍的误解和冲突。这类副作用表现在使用者身上则为心生焦虑、恐惧、对人不信任甚至处事偏执。

好在，我们的沟通问题完全可以通过应用一种我称之为"数字肢体语言"的技能来解决。我曾指导过许多领导者为自己的团队建立合适的数字肢体语言模型，并将其引入企业文化中，取得了显著的效果。我培训过公司经理、人力资源团队，并指导他们如何将数字肢体语言技能嵌入自身工作业务的实践中。从进行远程问诊的医生到使用在线教学平台的教授，再到律师、顾问和参加线上会议的董事会成员，我都建议大家熟练地掌握这项技能。一位公司负责人告诉我，数字肢体语言不仅提升了整个组织的沟通效率，还优化了公司为客户提供的远程服务体验。另一位高管告诉我，这项技能帮助他找到了出差时与妻子和孩子沟通的最佳方式。

接下来我会一一进行论述，数字肢体语言是如何发挥作用的。

当有人问我为何从事现在的工作时,我回答他们,这是一个贯穿我一生的故事。

我是一名印度裔美国女孩,在匹兹堡郊外的一个中产阶级社区长大。我的父母都是 20 多岁时从印度移民到美国的医生。在家里,他们通常讲旁遮普语——一种接近印地语的语言,很少用英语交流。父母希望自己的三个孩子能够尊重且传承印度传统价值观和习俗。在印度传统文化中,沉默是尊重长辈的表现,倾听是一种珍贵的品质。相比较而言,学习英语、取得好成绩以及几乎其他所有的事情都排在次位。

在一个保守的美国白人社区长大,我的童年有很大一部分时间都在努力融入社区。我和周围很多女孩长得不一样,她们中也没有多少人是移民的后代。整个社区很少有家庭像我们一样,每天晚上 9 点才吃饭(印度家庭的晚饭时间较晚)。同时,我对印度几乎没有归属感。每当我回去探亲时,那里的亲人都称我是"美国出生的表亲"。毕竟在印度谁会取名叫埃丽卡?

夹在两种不同的文化之间,我转而开始探究自己的内心。

我性格内向,容易害羞。若同我待在一个房间里,你甚至会意识不到我的存在。在学校里,我更像是一个观察者而不是参与者。举手等吸引周围人注意的行为都不太可能发生在我身上。我在学校表现良好、成绩优异,但从幼儿园到十二年级,我收到的每一张成绩单上老师的评语都是：希望埃丽卡能多说话，多表达。

由于时常在父母带有浓重口音的英语和自己糟糕的印地语之间来回切换，我渴望找到自己的"归属地"。于是我学会了一些技巧，其中之一就是破译他人的肢体语言。肢体语言是我理解周遭陌生世界的钥匙。我开始痴迷于破译同学之间传递的各种微妙的信号和暗示，包括语调、语速、停顿、手势等等。那些受欢迎的女孩昂首阔步，肩膀打开，摆出俯视众人的姿态。年长一点的孩子在学校集会时耷拉着脑袋，要么盯着地面，要么盯着对方，目光却从不落在正在讲话的大人身上。在家的时候，我躲在房间里，用老式录像机播放宝莱坞电影。我一般不关注故事情节，而是把注意力集中在演员们的表情和手势上。我对印地语比较陌生，仅凭着一遍又一遍地观察演员们的肢体语言来理解台词。

我专注于破译非言语信号，学会了模仿比自己自信的同龄人的肢体语言，还破译了亲人们皱起眉头时对我说的印地语的含义，这让我获得了从未有过的力量。

2001年9月11日后，在美国的公共场所，几乎所有肤色、打扮和我类似的人都会迎来大众怀疑的目光。某个下午，我父亲在当地的基督教青年会①等我结束网球培

---

① 基督教青年会是全球性基督教青年社会服务团体，希望通过坚定信仰和推动社会服务活动来改善青年人精神生活和社会文化环境。它具有170多年的历史，现已蓬勃发展于世界各地，青年会总部设在瑞士日内瓦。

训。在他等待时，前台表现得惊慌失措，随后报了警，我猜测是因为父亲的模样"颇为可疑"。在接下来的45分钟里，父亲一一回答了警察的问询，并礼貌地解释自己是附近一家医院的心内科医生。父亲坐在桌子旁，耐心地与警官交谈。我观察到父亲目光直视对方，手掌朝上张开，表示他对警官的尊重，并对发生这样的误会表示理解。我还可以从父亲发红的脸颊看出他也感到尴尬。几个月后，父亲将他那一年收入的很大一部分捐给了"9·11"基金会。

那时的我不仅对警察的做法感到愤怒，也为父亲的表现感到气愤。在我看来，我们被如此对待完全是由于他人的种族偏见与无知，父亲为什么能如此友善地回应呢？事后，父亲耐心地劝导我们：凡事试着考虑他人的想法或感受，而不是一味地宣泄怒意，这样不是更好吗？换位思考？对我来说，这件事是一个转折点。从那天开始，我便更加认真地思考人类如何通过肢体语言来传达同理心，以及依靠肢体语言我们能实现什么。

步入大学，我对非言语交际的兴趣丝毫未减。本科期间，我读遍了所能接触到的相关的书籍。后来，我教授公共演讲，这段经历极大地丰富了我在非言语交际方面的专业知识。我渐渐能够理解肢体语言传递的信号和线索，并能够将其分类。这项技能让我更加自信，做事更有把握，还让我赢得了实习机会。最终，我在竞争激烈的求职环境中脱颖而出，获得了理想的工作邀约。尽管我父亲坚持认为印裔美国人无法在商业领域取得成功，我应该更专注于医学或工程等领域。因为在这些领域，印裔有许多成功的例子。但我坚持了自己的想法，并且似乎也取得了成功。

对肢体语言的投入让我有信心在研究生阶段教授有关领导力的课程，后来我又在哈佛大学和麻省理工学院担任教职。这种投入激励我在30岁之前开始打拼自己的事业。尽管我无法定性自己在做什么，也没有任何媒体资源、投资方和人脉。正是我的坚持让不可能变为现实。在弄清楚自己所从事的事业之前，我在世界经济论坛上向全球领导人发表过演讲，接受了《早安美国》（*Good Morning America*）主持人罗宾·罗伯茨（Robin Roberts）的采访。除此之外，我成了首席执行官和高层管理人员"追捧"的主题演讲者，并为不同行业、公司和国家的数千名领导人教授适用于21世纪的协作技能。

听起来我好像在吹牛，但我本意并非如此。这项我热爱的事业确实源自一个害羞、谦卑的想法。性格孤僻、拒绝在课堂上举手发言，以及放学后独自窝在房间看宝莱坞电影，这些都是成就我的助力因素。像大多数人一样，我这一生都相信，获取同理心和信任的重点不在于我们说话的内容，而在于表达的方式。同时，我们应该经常自省，以确保自己传达出来的内容和话语本身的意思是相符且清晰的。通过观察研究肢体语言，我学到了很多，尽管在实际应用中我经历了多次尝试和失误。对我来说，大部分尝试都会出错。

难道我的经验不是在告诉自己：姿势僵硬、握手时死气沉沉会给未来的雇主留下负面印象吗？难道没有一位老师提醒过我，我紧张时捻头发的习惯表明了自己缺乏安全感吗？难道我没有发现，教授紧闭的嘴唇或严肃的神情预示了我在考试或论文中做得好还是坏吗？作为一个演讲者，难道我不应该知道成功和失败的区别就在于能否感受到观众的期待，并做出相应的调整吗？

在我职业生涯的早期，我在一大群观众面前做过一个主题演讲。演讲时间安排在周末，是全公司律师静思会①进行的第四天。当时，台下的听众疲态明显、无精打采、心不在焉。我对于他们的表现倒是毫不意外。有些人表现出明显的敌意，其他人则瘫坐在椅子上，头耷拉在一边，眼睛瞟着时钟。那天大家最不想听到的内容就是合作的好处。他们的肢体语言几乎是在央求我：快点结束演讲吧，拜托了！

于是我转过身来，脱下高跟鞋，在舞台边坐下。我

---

① 静思会是指暂时放下手头杂务，离开公司，到某个地方安静地思考、讨论一些重要的问题。这是一种最近几年逐步流行起来的会议形式，开始被企业高管们为讨论战略问题时采用，后来也被中层管理人员效仿，最后有些团队索性把它演变成了年度总结大会。

没有像以往一样介绍自己。"大家来谈谈此时此刻的感受吧,"我说,"疲劳、紧张、无聊、期待还是愤怒?请大家畅所欲言……"随后,房间里的气氛变了。我不再是对着观众单方面输出,我是在和他们进行交流。在场的听众开始放下戒备,放松、微笑,有几位甚至大笑起来。本可能是场灾难的演讲变成了一场彼此联系的、风趣横生的互动。

在接下来的几年里,我开始把了解肢体语言当作工作重心,就像我在这段演讲经历中所做的那样。在交谈中,若对方沉默,可能意味着我语速过快,需要适当停顿。双臂交叉则是心存戒备或怨恨的信号。对我来说,交谈时不停变换手势或拨弄头发表明我个人缺乏自信。

这让我回想起几年前,那时我接触到的一个又一个真实的故事。它们有着相同的主题——工作中的沟通不畅。

正如前文所说,我一直在做主题演讲,并为世界各地的客户提供咨询,教人们如何在工作中更好地协作。在此期间,我收到的最普遍的问题是:如何利用精通数字技术的员工的专业知识,同时结合从事固定业务流程工作的员工的丰富经验,进行更快更深入的创新呢?怎样才能让这两类员工真正做到紧密合作呢?我发现,越来越多的客户都对工作中的沟通表现出高度的恐惧、焦虑和偏执。当然,领导者一如既往地提供协助,例如,与团队分享信息,培养信任感,传递支持的信号。但在实际的沟通中,这类友好的信号可能会传递失败甚至被误解。这些领导者并不笨，也不缺乏社交技能，他们中的许多人都精通如何培养深厚的企业文化。

之后，我就此现象进行了更深入的研究，并从大家的反馈中得出了结论：人们最苦恼的是，在工作中话语是如何被理解的。换句话说，一个本应友好且要点明确的信息是如何被接收者解读出愤怒或怨恨的情绪，从而导致团队参与度和创新力下降，甚至造成优秀员工的流失？

这个问题也体现在我与一位客户的某次会议上。这位客户是强生公司（Johnson & Johnson）的一位高层领导，我叫她凯尔西（Kelsey）。她从团队那里收到了一些不好的反馈。绩效评估中，上司给她留下了"缺乏同理心"的评价。在与凯尔西初次会面，进行交谈时，我一直在留意那些典型的、普遍的同理心缺失的标志：无法理解他人的诉求、可能存在阅读障碍、不擅使用肢体语言、不擅倾听、很少提出含义深刻的疑问。但事实是，我被弄糊涂了——凯尔西看起来极富同理心。与她交谈，我感到格外放松。她认真、耐心地倾听，肢体语言同样表达了对我的尊重和理解。所以，凯尔西为何会收到缺乏同理心的评价呢？问题出在哪里？

问题的答案其实与凯尔西个人关系不大，更多的是与当今职场对科技的依赖有关。凯尔西不是缺乏同理心，她和向我咨询过的所有人一样，在这个数字化沟通让曾经清晰的信号、线索和规范变得难以理解的世界里，她不再知晓同理心意味着什么。温和的语调？平易近人的肢体语言？这些已经不够用了。数字世界需要一种全新的规范的肢体语言。问题是，对于这种新型肢体语言的内涵，没有人能达成一致看法。

例如，凯尔西认为保证邮件内容言简意赅是在节省每个人的时间，但在其他人眼里，凯尔西发来的邮件语气冷漠，内容模棱两可。凯尔西在工作时间的最后一分钟向员工下发了工作安排，却没有附带任何解释，难免会让人感到不被尊重，好像领导的日程就比自己的更重要。除此之外，当团队成员在做工作策略陈述时，凯尔西会不停地低头看手机，让别人产生她已经下班了，此事与她无关的错觉。

在数字肢体语言方面，凯尔西无疑表现不佳。团队成员本应通过肢体语言相互联系，她的做法却适得其反。

我意识到，我们需要重新定义肢体语言以适应当下的职场。如今，我们都在以"移民"的身份学习新的文化和语言，只不过这次学习的场所是数字空间。在数字时代，若要成为一名优秀的领导者，不仅要能辨认出他人传递的信号和线索，还要掌握这种20年前并不存在的新的数字肢体语言。当下，大多数人对这种新型语言的掌握情况就像我小时候说印地语的水平一样糟糕！

这是一个公认的小秘密：在某些时候——甚至大多数

时候，人们无法理解自己从电子邮件、短信、电话会议等途径接收的信息背后的语气。同时，也不完全清楚自己发出的信息是如何被接收的。如今，各种沟通渠道应用广泛，若使用不当，产生的远不止一些无关痛痒的小问题，可能会造成严重的后果。比如：团队工作和决策效率降低；整个团队工作状态不佳、动力不足；团队成员间缺乏信任、心存芥蒂、处事偏执。

数字肢体语言常常被误解。换言之，我们还缺乏一套普遍适用的使用规则。如今，职场、社区、家庭等各类沟通场所都频繁出现数字肢体语言引发的误解。每个人都意识到了问题的存在，但没有人认真讨论这个问题。当然，人们还是乐意谈论误会产生的趣闻逸事。记得某天在学校，我在朗读乔治·奥威尔（George Orwell）的《动物农场》（*Animal Farm*）时，把"peculiar"这个词读成了"peck-you-liar"，遭到了同学们的哄笑。我也一直没能忘掉这场"闹剧"。随着年龄的增长，我们都知道如何进行阅读和写作，有部分人甚至称得上阅读或写作的高手。但在数字沟通中，我们缺少关于"如何在数字化世界中解读信号和线索"的指导手册。人们因此在犹豫、焦虑和不安中挥霍了一天又一天。

我既不是绝地武士（电影《星球大战》系列中的角色），也没有神通广大的能力。我也会花一上午时间反复地阅读一封电子邮件，试图弄明白一个省略号或某个词所代表的意思。我听过朋友在聊天软件上交谈后友谊破裂的故事。如果一位同事在脸书（Facebook）或照片墙（Instagram）上赞了你的帖子，却没有回拨你给他打去的两通电话，你会怎么办呢？你是否会考虑以下情况：他给我点赞是在发出"抱歉"的信号吗？点赞预示着他要给我回电了吗？这是不是一种考验友谊的方式？或者他在暗示我，以后只能通过社交媒体和他交流？这个赞究竟代表了什么意思？他是有意为之还是无意？回想一下，那位在每封邮件的结尾都写着"谢谢"的高管，尽管他是在致谢，但为什么他的同事会从中读出不真诚、不可信的意味呢？

我由衷地相信，大多数人的出发点都是好的，他们只是不知道如何将真实意图传达到位。

我们如何才能不受距离因素的影响，重新建立彼此之间真正的信任和联系？这就需要为数字时代的有效沟通制定切实可行的规则手册。如今，要想表达自身的真实意图，我们需要在微观层面上理解具有数字时代特色的信号和暗示，同时培养对文字、语义细微差别、潜台词、幽默和标点符号的高度敏感——而通常我们认为这些属于职业作家的工作要领。

但如果你认为能够观点清晰地写作是一个小众或不重要的技能，那就错了。当专业人士被问及在他们的职业生涯中能做出的最好的投资是什么时，埃森哲（Accenture）的全球首席执行官朱莉·斯威特（Julie Sweet）的回答是:"培养出色的沟通技巧。"[1] 她补充道,任何员工,即使是初级员工,都可以通过"清晰地总结会议内容……做展示、发邮件来大大提升自身的价值。"[2] 人们对如何培养一流的公开演讲的技能已经讨论得够多了,但朱莉·斯威特以长远的眼光看到了未来。在未来,一种所谓的"软"技能——良好的沟通能力,尤其是书面表达能力,会成为关键的竞争优势之一。

基于以上我们的讨论,你可能不免心生疑问:良好的数字肢体语言究竟是什么样的?其中很重要的一点便是:永远不要以为自身的沟通习惯适用于每一个人。例如,习惯于在 30 秒内回复电子邮件或从不查看语音信箱。实际上,我们需要多花几秒钟审视一下自己的语言——句子、词语甚至标点符号是否有歧义,是否可能造成误解。我们还需要对发出的信号、线索或暗示高度敏感,从而不断打磨自己的数字肢体语言,并在此过程中不断学习、进步。

在这个不断变化的数字化世界里,本书会帮助大家了解什么样的声音才会被听到,人际交流中谁能得到赞誉,以及如何做到有效沟通。本书作为一本常识性的说明手册,将帮助大家理解如何打破沟通僵局,如何维系同他人的关系,如何传达自身真实的想法,又如何同他人之间建立信任。在接下来的章节中,我将介绍一些简单易行的沟通策略,以帮助您和您的团队相互理解。同时,减轻并消除因电子邮件、视频、即时信息甚至实时会议而产生的困惑、误解和挫败感。我的使命是帮助读者拉近与他人在思想上、情感上、个人事务上和职场上的距离,让每一位领导者都能成长为值得信赖、智慧、坦率的领跑者。

DIGITAL
BODY
LANGUAGE

第一部分 数字元素的风格

数字肢体语言提供了一种系统地理解数字世界符号的方法，正如我们理解物质世界的符号一样。数字肢体语言确定和解释了不断变化的数字沟通范式和暗示，通过这种方式，我们可以建立一套不受距离影响、服务于沟通的普遍标准。它有点像字典，而我的任务是把面对面的肢体语言转化成一系列数字化的信号。

第一章
什么是数字肢体语言？

劳拉（Laura）和戴夫（Dave）恋爱3年的时候，发生了一次争吵，而这场争吵完全是通过短信来交锋的。他们来来回回互怼了几小时，直到某一刻，劳拉已经垂头丧气，精疲力竭。她发了一条短信："所以，我们结束了吗？"

"我想是的。"戴夫回复说。

劳拉崩溃了。她打电话请了病假，花了一整天的时间和朋友们见面，浏览旧照片，放声大哭，痛惜这段关系的结束。第二天晚上，戴夫出现在她家门口。劳拉双眼肿胀地打开门。戴夫说："你是不是忘了我们几天前约好一起吃晚餐啊？"劳拉说："你说我们结束了。"戴夫说："我的意思是我们的争吵结束了，不是我们结束了。"

好吧！

在我们的生活中，大多数人都经历过这样的交流（可能没有那么戏剧性）。它让人如此困惑，处处充满了暗示，我们要花一整天的时间来努力弄清楚它们的意思。

现在，我们把同样的情形放到日常的工作场所中。

杰克（Jack）是一名中层管理者，他收到了老板的一封邮件，邮件的最后一句说："可以。"这让他十分焦虑。最后的句号看起来仿佛占据了整个屏幕，这个黑色的句号，就像是一颗致命的微型炸弹。杰克可以肯定，这个句号代表"反对"的意思。杰克搞砸了吗？还是他想太多了？如果不是他想太多，他怎么能为一个疏忽了句号含义的老板工作呢？

还有一个例子：一位积极热情的女领导在纽约总部工作，被指派领导达拉斯（Dallas）的一个远程团队。团队中有一位叫萨姆（Sam）的年轻成员，几个月后他飞往纽约，第一次面对面和他的新领导交流。一番愉悦的初步讨论后，领导问："你对我的第一印象如何？"萨姆犹豫了一下，他承认说并没有那么好。领导在交流中没有丝毫矫饰，总是一针见血，这让萨姆认为她不够友好，有所保留，有点冷漠。实际上，她本人恰好相反。为什么萨姆会产生这样的感觉呢？萨姆不得不承认，是因为领导没有用缩略语或感叹号。

当标点符号和首字母缩略词让我们陷入一系列诸如不确定、自我怀疑、焦虑、愤怒、自我厌恶和不信任的情绪时，我们可以确信，我们生活在一个全新的时代。

我从小到大一直在反复阅读黛博拉·坦纳（Deborah Tannen）的书籍。坦纳是乔治敦大学的语言学教授，1990年，她出版了书籍《你误会了我——交谈中的女人和男人》（*You Just Don't Understand: Women and Men in Conversation*）。每个人似乎都在读坦纳的书。她在书中分析了人们交流时如何使用迂回、中断、停顿、幽默以及调整说话节奏的技巧。《你误会了我——交谈中的女人和男人》一书在全美广受追捧，连续4年荣登《纽约时报》（*New York Times*）畅销书榜单，被翻译成30种语言。

即使没有语言学学位，我们也能察觉，今天我们的交流方式比以往任何时候都更加令人困惑。为什么呢？坦纳专门研究面对面交流中的肢体语言。她的著作参考了语言学、性别和进化生物学的知识，还包括我们的肢体语言表达的内容，比如交叉双臂、转移目光、眨眼等。以前，我们所有人，都无法想象大部分的交流会以数字化的方式进行。现今的沟通更多依赖于我们说话的方式，而非内容。这就是我们探讨的数字肢体语言。互联网的出现，让每个人都有一个讲台和一支麦克风，但是没有人告诉我们如何使用它们。我们在不断尝试中学习和取得进步，而我们在这个过程中所犯的错误却给商业带来一定的影响。

* * *

你知道吗？现在，我们不再是要说得头头是道或者说到做到，而是写得头头是道。

* * *

短信、电子邮件、即时信息、视频通话基本上都是视觉的沟通方式。此外，我们每个人有着不同的期待和直觉：发短信或邮件是否合适？视频通话中什么时候看摄像头？在我们回复邮件之前要等多久？如何写电子感谢信或道歉信才显得真诚？我们的选词、回复时间、视频会议风格、电子邮件结束语，甚至邮件署名带来的印象会增进或破坏我们在职场中最亲密的关系（更不用说我们的个人生活了）。

如今大约有70%的团队沟通都是线上进行的。我们每天要发大约3060亿封邮件，平均每人每天发送30封邮件，处理96封邮件。[1]据《人格与社会心理学杂志》（*Journal of Personality and Social Psychology*）上发表的一项研究，邮件中的语气被人误读的频率高达50%。[2] 50%啊！假如你对伴侣说："我爱你"，但是他们经常回复："是的，没错。"说实话，在我和丈夫拉胡尔（Rahul）的短信交流中，这种情况也时有发生。

看看更多数据：《纽约时报》报告称至少43%的美国上班族都经历过远程办公，[3]这一百分比在全球新冠病毒肺炎疫情期间急剧攀升。另一项研究报告显示25%的受访者在网上社交的频率比面对面更高。[4] 2015年，皮尤研究中心一项调查发现：90%的手机用户"经常"随身携带手机，76%的人承认他们"很少"或者"从来"不关手机。[5] 平均每人每天花费在社交媒体的时间近116分钟（大约2小时），按人均寿命计算，一生累计花费5年零4个月。[6]

丹尼尔·戈尔曼（Daniel Goleman）是一位心理学家兼科学记者，1990年他率先普及"情商"概念。情商指的是我们解读他人的信号并做出恰当的反应，并且从他人的角度理解和欣赏世界的能力。

如今"情商"和"同理心"成了流行词。人们开圆桌会议讨论两者，情商和同理心成为主流教育课程中的一部分，出现在各行各业的价值陈述中，从专业服务、健康医疗到科学技术，甚至还是政治竞选活动和媒体对话中的宣传词。领导者向我们灌输一种观点：从他人的角度看清形势能够改变领导风格、企业文化和商业策略。同理心似乎可以提高士气，激发创新，促进敬业度，留住员工，并提高利润。当然，每个人都认同，在这个世界上我们需要更多的同理心。

那么，为什么我们会在工作时面临误解的危机呢？

一个大问题是，在现代职场的数字化模式下读懂情绪非常困难。情商的概念刚普及时，数字化时代还处于起步阶段，电子邮件还是一个新奇的玩意儿，最早的智能手机十分厚重,很少在会议上出现,那时欧洲的年轻人常常用它发短信。视频通话还很陌生。今天,很多公司和社区只存在于屏幕之后。我们改变了联系的方式,从而改变了我们和同事、客户、社区成员以及听众的工作交流方式。

雇员们感觉与他人有疏离感,其中一个最容易被忽视的原因就是缺少肢体语言线索。得体的、善解人意的肢体语言反映出员工对工作的投入度。疏离感之所以产生,不是因为人们没有同理心,而是他们不知道如何运用当下的交流工具来表达同理心。一位首席执行官说:"我的办公室门一直敞开着。"他告诉每个人他很"随和","平易近人"。但是如果他从来不在办公室,唯一可以和他沟通的办法是不是给他发条消息,然后等待他从每天的200多封邮件或 Slack(聊天群组,一款团队协作沟通工具)信息中看到这条消息并回复自己呢?

实际上,如今大多数职场都缺乏建构透明有效沟通机制的必要条件,导致普遍的不信任、憎恨和沮丧的情绪。团队之间的距离越来越远,面对面的互动越来越少,几乎没有肢体语言可以解读。并且,现在事情每隔几个月就会快速变化(可能这只是一种设想),我们别无选择,只能适应最新的常态。我们越来越不在意别人的感受,越来越能接受沟通时的干扰和插话,对待同事和工作伙伴的需求和情绪更加冷漠。数字分离使我们误解,忽视甚至无视信号和暗示,导致一波全新的组织功能失灵。

为什么会这样?

我们没有暗示。但值得反复强调的一点是:非语言暗示占面对面信息沟通的 60% ~ 80%。[7] 人类学家爱德华·霍尔(Edward T. Hall)把这些信号和暗示称为——姿势、距离、微笑、停顿、打哈欠、语气、面部表情、眼神交流、手势和音量——"无声语言"。

团队之间高达 70% 的沟通是通过数字化方式开展的,我们应如何通过它建立联系呢?

我们关心人的能力受到损害。曾经,出色地完成一项工作后,一个握手能让你感觉被重视。如今,团队成员分布在不同的领域、部门、办公室,甚至不同国家工作,握手几乎是不可能的事。一份调查研究在视频通话中插入一些短暂的延迟,以此评估同事之间如何互相评价。虽然延迟仅 1.2 秒,但是相比没有延迟,这样的同事更容易被认定为不够专注、不够友善、不够自律。[8] 即使是视频聊天,屏幕卡住或者出现奇怪的回声都会让参与者感觉他们的建议很难被人听到和受到重视,这不禁让我们思考如下问题:

> 我们现在该如何表达对别人的欣赏呢?

我们的节奏被打乱。以前,当有人站在两英尺(约0.6米)外问我们一个问题时,我们会立刻回答。我们也知道一段对话什么时候会自然地结束。但是今天,我们不再有义务立即回复某人(我们有很多事要做!),而在5小时后回复员工或客户的紧急信息可能让他们感觉被忽视,并且产生愤怒感。

> 我们如何在"繁忙"的收件箱和合适的回复时间之间找到平衡点呢?

屏幕使传统的肢体语言发生了改变。商务会议、一对一会议、午餐讨论时,我们总是盯着手机或回复短信息,忽视了周围的环境。我们过早地结束会议,忽略了同事的面部表情或放下笔来投入倾听的动作。在销售交谈中,我们更容易忽视开场白。

> 如何防止数字工具打断我们面对面的互动呢?

最后，我们都知道，**技术为人戴上面具**。今天我们可以选择隐藏我们真实的感受和想法。选择发邮件或短信能够掩盖不适的感觉，但是也会带来很多模棱两可的答复，造成误解。对于隐藏想法和感受的人来说，屏幕提供了很好的掩护。但是这并不是培养领导者的方式。即使在开视频会议，在屏幕上凝视自己的脸都会让你难以放松，难以自然地进入到对话。

> 屏幕把我们分离时，我们如何保持真实和联系？

答案就是理解我们正在发出的**数字肢体语言**的暗示和信号，调整沟通方法，传递清晰、简洁的信息。

* * *

肢体语言中隐含的内容在我们的数字肢体语言中必须明确表达。

* * *

什么是数字肢体语言（为什么它很重要）？

数字肢体语言提供了一种系统地理解数字世界符号的方法，正如我们理解物质世界的符号一样。数字肢体语言确定和解释了不断变化的数字沟通规范和暗示，通过这种方式，我们可以建立一套不受距离的影响、服务于沟通的普遍标准。它有点像字典，不同的是我将把面对面的肢体语言转化成一系列数字化的信号，比如：标点符号、视频通话的初次印象、缩略语、署名以及我们点击发送键前所需等待的时间。

深入了解数字肢体语言并将其运用到公司或团队，你便可以给成员提供方法和工具去建立一个打破壁垒、充满信任的交流环境。并且，这一技能会提高沟通效率，因为人们不用再花费太多的时间去思考某个句号或感叹号暗含的意思。

以下一些实用的例子可以帮助你理解传统肢体语言是如何被转化为数字肢体语言的。

- **传统肢体语言包括**：头侧向一边，表示一个人在专心聆听。

  数字肢体语言包括："点赞"信息。在邮件中赞扬他人。在视频通话中，当有人表达一个想法时，开麦发言或在聊天框中发送细致的评论，而不只是附和"我同意"。

- **传统肢体语言包括**：抚摸下巴或说话前停顿数秒，表示你在思考刚才听到的内容。

  数字肢体语言包括：花几分钟时间回复一个信息，表明尊重对方说的话。写一封详细的回复邮件表示你在思考和关注。在电话会议中停下来，记住别人说过的话，而不是脱口说出想到的第一件事。

- **传统肢体语言包括**：微笑（微笑可以感染他人。微笑能够刺激大脑的"快乐神经"，这就是我们对人微笑，别人总是报以微笑的原因，微笑使人与人之间建立起紧密的联系。）

  数字肢体语言包括：（在合理情况下）使用感叹号和表情符号。在邮件最后加上一句简单的周末愉快。在视频会议中露出笑容。

- **传统肢体语言包括**：点头。上下摆动头部让我们看起来对谈话内容充满兴趣又平易近人。点头和微笑一样有感染力，如果我们说话的时候点头，他人就更容易赞同我们的观点。

  数字肢体语言包括：及时回复信息，回复实质性的内容表明你在积极参与。在团队会议的群聊中发送"我完全同意你的说法"。在视频会议中使用竖大拇指的表情。

本书所传授的这套技巧能让你成为最好的自己——表达新的想法，敢于向老板说实话，在捉摸不定的情况下依然信心满满地做事，吸引他人参与到你的创意中。这套技巧还能帮助你们找回团队参与中那些情绪上的细微差别，方法清晰易懂，效果显著持久。本书能够指导你建立新的合作和行为规范，减少误解，让你更明确地进行领导。

最终，《数字肢体语言：线上高效沟通的艺术》一书旨在帮助你成为沟通高手，进而成为优秀的领导者。

为了真正理解这种新的沟通理念，我们需要理解数字肢体语言的四大法则：**显性重视，细心沟通，自信合作，充分信任。**

我们按照顺序逐一讨论。

显性重视

第一条法则基于这一事实：传统的表达欣赏的信号和暗示，如微笑、握手、手写感谢便条等在数字沟通中难以实现。它们要么是隐性的，要么需要花费很多时间和精力。**显性重视**就是要体贴他人、了解他人，同时还要表达"我理解你"和"我欣赏你"的意思。

显性重视需要我们体谅他人的需求和日程安排。我们要明白，用心阅读我们收件箱里的邮件是一门新的倾听艺术。当我们做到显性重视时，我们愿意对他人的烦恼感同身受，而不需要去解决烦恼。显性重视就是认可他人——当然也不是急于认可他人。

显性重视会带来更深层次的尊重和信任。记得有一次，我尝试与一位有兴趣与我合作的高管安排通话。在接下来的5个月里，她3次改期，而且她不只是取消会议，更过分的是还屡次失约。第一次会议时，她没有出现，之后我发了一封邮件跟进，她的助理重新安排了时间。（这位高管没有说一句"对不起",甚至都没给一个敷衍的理由。）第二次她还是没有出现,她的助理向我道歉并再一次重新安排了会议时间。第三次,她依旧没有出现。几个月后,这位高管发邮件给我,好像我们之间什么事情都没有发生过,她向我咨询如何加入一个俱乐部(我是那个俱乐部的会员)。这次轮到我不回复了。经历了这件事,我还会把她推荐给我的同行吗?

　　说到尊重,我不是在谈礼节或者歉意。尊重就是让他人感觉得到了应有的重视或认可。尊重就是在发邮件之前检查一遍。尊重就是尊重他人的时间和日程安排,不要在最后一秒取消会议或者推迟太久回复邮件,这样人们就不得不跟从你的节奏。尊重就是当别人在电话会议中说话时,不要为了处理其他事情而按下静音键。尊重就是在会议邀请中写清主题,解释清楚为什么要求别人付出。(尊重就是至少把别人的名字写正确!)

　　显性重视也意味着承认在某种环境中可能有效的解决方案,在其他环境下起不了作用。假设你刚熬夜通宵完成一个项目,你的老板仅回复你短短的"谢了",这是不够的,对吧?实际上,这简直令人愤怒。现在,假设把同样的项目交给你的老板,然后得到一个微笑和一句"谢谢你",你会感觉好得多。显性重视就是付出时间和努力,让一个微笑或一声感谢通过数字沟通渠道变得清晰可见。

细心沟通

数字肢体语言的第二条法则是**细心沟通**，包括尽可能地用你的语言和数字肢体语言传递清晰的信息，降低误解的风险。当我们对使用哪些方法、信息中要包含什么内容、将谁列为收件人等建立起明确的规范时，我们就是在细心沟通。当我们清楚地知道信息抄送的每一个人所担负的责任，以及谁负责后面的工作步骤时，我们就是在细心沟通。

长期来看，细心沟通有助于消除困惑。它持续考虑每位团队成员的需求，帮助简化沟通方式，提高团队工作效率。最后，细心沟通能促使团队团结一致。

以下情形是否在你身上发生过？你和你的团队一直在筹备一个很棒的项目，一切准备就绪，虽然每个人都精疲力竭，但是大家都很兴奋。努力终于要得到回报了！但就在此时，公司的律师突然介入，提出了几个问题，要求要么立刻停止项目，要么重新规划项目，之前的努力全部付之东流。

又如一家专业服务公司的营销团队花费数月的时间推出了一款新产品，最后发现另一个运营团队一年前就已经做了这件事。

又如一个团队无法对一个项目的成败达成一致，因为他们从未统一过成功的标准。

不管哪种情形，时间浪费了、精力耗尽了，工作情绪从乐观转为气馁。为什么没有人意识到这是个问题呢？答案就是各方没有开诚布公地沟通。法律团队直到最后一秒才参与进来。在规划阶段，合规专员没有发言权。客户们的意见没有人听取。营销和会计主管从不碰面沟通，表达清楚什么是我的需求，什么是我的想法，怎么就我们的目标达成共识。

细心沟通就是人们必须对一个既定项目是否有必要进行，或者是否与公司目标一致达成共识。细心沟通就是让员工和团队知情并了解最新进展，时不时地检查情况，为他们提供支持。谁负责什么工作？为什么由他负责？负责人没有花一点时间考虑项目，稀里糊涂地开始运作项目，结果3个月之后，大家才发现另一个团队一直在做同样的工作。这种情况我已经不记得遇到多少次了。

表达不清是最影响团队团结一致的因素。通过发掘数字肢体语言传达的信号和暗示，细心沟通有助于团队团结一致——从意识到一条简短的信息并不总是清楚明了，到消除不分语气的言语表达，以及区分其他种种情况。

自信合作

第三条法则：**自信合作**，即在合作中有意识地承担风险，同时相信他人会支持你的决定。

自信合作需要我们能够管理恐惧、不确定性和担忧等充斥在现代职场的情绪，并且要理解，即使事情发展不受控制，员工也会互相支持、共同努力、避免失败。

自信合作就是员工能满怀关心与耐心地主动回复信息，而不是被迫一刻不停地回复每件事。

　　自信合作就是既要考虑周到，又要避免群体思维。那会是什么样的呢？比如，可能是允许团队的一名远程组员主持线上会议，这样做便能营造一种包容感，同时消除偏见。自信合作可能要求在不同观点的人发言之前，使用视频会议中的在线聊天工具，收集团队的意见，而不是首先倾听其他人大嗓门的附和。自信合作可能是设计一个工作邮件表达规则，以便没有人会无限发散地去猜测某句话的意思。自信合作甚至可能是很简单的事，比如确保团队成员能够获得推进工作所需要的支持。

　　自信合作减少了同时陷入过度关注和缺乏关注的可能性，比如，当你一边过度关注一封邮件中的小事情，一边快速浏览其他内容时，你就会忽视重要细节。

　　自信合作帮助我们克服习惯性恐惧、减少不确定性，向前迈进，开始行动。自信合作让我们不再过度关注"她真的是那个意思吗？""他是不是生气了，但没有说出来？""他们在搪塞我吗？"反之，它会让我们认为别人都是友善的，没有人会以牺牲别人的利益为代价取得成功，也没有人会误导他人，或压迫他人。

充分信任

　　数字肢体语言最后一条法则：**充分信任**。这一法则只有在前三条法则实施之后才会生效，团队中每个人都能参与其中。充分信任中的"充分"是关键，因为它指的是企业中最高程度的信任，即人们可以讲真话、遵守诺言、履行承诺。

充分信任需要你有开放的团队文化，每个人都知道他人会聆听自己。每个人都可以向他人求助、每个人都会给予他人帮助而不在乎回报。在落实了数字肢体语言的前三条法则后，充分信任就会形成。恭喜你！你已经消减了公司里的恐惧情绪和不确定性因素，正在组建一个令人惊叹的完美团队。

为什么呢？因为当我们充分信任时，我们就可以最大限度地发挥员工的才能。通过建立我们团队的心理安全（从我们领导者自己的数字肢体语言开始），我们的行动会慢慢让人安心。一旦信任存在了，任何支持信任的事情都会优先考虑，一切阻碍或扰乱信任的事情都会得到处理和解决。

但是，我们要明白：充分信任并不是说我们要无条件地相信每个人——尤其是和我们有矛盾的人。反之，充分信任指的是在工作环境中，没有人会浪费时间在小事情上，一条措辞模糊的信息或迟来的回复不会让人感到恐惧、焦虑或不安，我们自信地认为每个人都会站在我们这边。现在，这是一个具有挑战的事，但是充分信任可以帮助我们实现。

过去几年,我和一些非常傲慢的人一起工作过。曾经我的一位老板,只要我醒着,她就会打扰我。她会在晚上9点给我发邮件,而这时我刚结束一天的工作,通常在超市推着手推车购物。如果我5分钟之内没有回复,她就会发来紧急信息:"我需要芝加哥会议的报告!你做完了吗?它在哪儿?"我只好放下买了一半的东西,赶紧跑回家,工作到午夜,在回复她之后才能睡觉。早上6点,我醒来就看到一条新信息,大意是今天早晨我们一起来聊聊,看一下这份报告。

显然,这是一个不可能与员工实现充分信任的例子。在那里,我没有感觉到被显性重视,我的老板没有细心沟通,我们显然也没法自信合作。近些年来,我发现一旦建立了充分信任,人们便更愿意说出他们的真实想法,而且不用担心因此受到批评或报复。实际上,他们可能想出了一些实质性的改进意见,即使是在我和我的前老板相处那样糟糕的处境下也是一样。无论你是否相信,充分信任可以把一个消极对抗的或强势的同事从一个令人讨厌的家伙变成一个友好的人。

最后,充分信任会赋予团队成员权力。我知道授权和赋权使用过度了,就会变得毫无意义。领导者经常会告诉团队成员:"我要给你赋权。"但是,他们却不愿意放弃一点儿控制权,不给其他人建言献策的机会。因此,这个概念不免有点虚假。但在充分信任的前提下,赋权意味着给予团队成员完全的工作自主权，同时给予他们完成工作所需要的资源。

赋权意味着每个人敢于说出自己的想法，敢于提出一个有争议的观点，或者简单地说出"这对我没有用"，却不用担心树立新的敌人。赋权指的是高水平的心理安全，清晰的信息沟通方式，坦诚地讨论人们如何坦然面对失败，在职场中融入尊重、团结和行动力，为推进工作开路。

《数字肢体语言：线上高效沟通的艺术》的目标受众是：整天唠叨着团队合作，但从来不去做些必要事情的老板和员工；疲于应付面对面会议、电话会议、邮件、即时信息和社交媒体平台的人；还有那些打算制订完计划后一劳永逸的人。

在接下来的几章中，你会读到一些故事，学习到一些策略，采用一些专门为优化职场环境所设计的常识性规则。你将会学习到关于潜台词、标点符号、节奏、停顿、延迟、权力地位的信号和暗示，以及不同性别、代际、文化之间数字肢体语言的差异。不论你是否领导团队，是否与一些你无法理解的人一起工作，抑或你只是想知道为什么你身边的人没有同理心，这本书都适合你阅读。我的目标很简单：节约你的时间，将你从恐惧和担心中释放出来，让看似难懂的信号和暗示像握手、点头、转眼球、微笑或一声响亮的"太棒了"一样清晰明了。

因此你需要沟通……

信任：

- 传统肢体语言：手掌打开；不要交叉双臂和双腿；保持微笑，点头。

- 数字肢体语言：使用直接又清晰的语言，发邮件用友好的话语结尾（如果你有什么需要，请给我发短信！希望对你有帮助）；不要在没有预先提醒的情况下抄送任何人；对发送人使用的表情包或非正式的标点符号做出回应。

参与度：

- 传统肢体语言：别人说话的时候你的身体前倾；不要交叉双臂和双腿；保持微笑，点头；直接进行眼神交流。

- 数字肢体语言：优先处理需要及时回复的信息；回复信息中的所有问题（不只是一到两条）；如果信息无需进行较长回复，就发送一个简单的"收到"或"已收到"；不要点击静音键后去处理其他事情；请使用表示积极意义的表情包，比如竖大拇指或微笑。

兴奋：

- 传统肢体语言：说话很快；音量升高；跳上跳下或用手指敲打桌子。

- 数字肢体语言：使用感叹号和大写字母；立刻回复信息；没有得到回复就连续发送多条信息；使用表示积极意义的表情包（微笑、竖大拇指、击掌）。

急切：

- 传统肢体语言：音量提高；说话很快；用手指比画（或者做出任何夸张的手势）。
- 数字肢体语言：语言直接，全部加粗，或者句尾添加多个感叹号；选择打电话或开一场线上会议沟通，而不是发信息；跳过问候用语；使用正式结束语；使用抄送或回复所有人等功能引起注意；在多种信息渠道上同时发送相同信息。

第二章
为什么你的压力这么大?
驾驭权力博弈和焦虑情绪

电影《华尔街》(*Wall Street*)《上班一条虫》(*Office Space*)《与鲨同游》(*Swimming with Shark*)和《穿普拉达的女王》(*The Devil Wears Prada*)中那些可怕的老板,都让我们恨得牙痒痒。如果你还没看过梅丽尔·斯特里普(*Meryl Streep*)冷冰冰地剜实习生一眼,低声嘲讽道:"请带着你的问题骚扰别人。"那你今晚一定要去看《穿普拉达的女王》这部电影。[1] 不过,这些好莱坞影视原型真比我们现实生活中遇到的奇葩同事更夸张吗?

我常在鸡尾酒会上分享一个真实故事,是关于一个非常讨厌的同事。

从商学院毕业后,我的第一份工作在雷曼兄弟(Lehman

Brothers）的交易大厅，那时雷曼兄弟还没有破产。当时它的企业文化就是"别问东问西，要你做什么就做什么"。我的一个同事——我叫她哈里特（Harriet），是一名在这里工作了好几年的年轻助理。而我在这个团队中，负责更新团队项目的数据，所以就需要从哈里特那里获取信息。每次我向她询问某些数据便会发封邮件给她。次数之多我已经数不过来，但她给我回复的同时也将邮件抄送给了我的老板。这看起来就像一种奇怪的威胁方式，她好像在提醒走廊上的监控来监督我的工作一样。后来我还发现哈里特不通知我参加相关会议。当我质问她时，她却说这是无心之举。既然是无心之举，又为何一而再、再而三地发生呢？后来，我才知道这是因为她把我的工作成果据为己有了（我看见她在团队项目的邮件中用"我"而不是"我们"，这才恍然大悟）。

大多数职场人士对这样的面对面权力博弈已经司空见惯。相信大家都经历过以下处境：老板或有资历的老员工跟你保持距离，或者在开会时面向另一个同事；又或者避免跟你眼神接触，甚至对你不屑一顾、收起笑脸、不再做出友好的手势。或许有人开始在会议上打断你讲话、孤立你、催促你，表现出一副他们没空的样子。

我没法不去在意哈里特对我的敌意，不过在数字世界里，很难解释清楚权力博弈的具体含义——可能只是一句草率的、仅含一个字的邮件回复，也可能是面对简单的问题却迟迟不肯回复，还可能是使用过于正式的语言回复信息，更可能是压根就不会回复你。

而这对权力博弈时接收信息的一方而言就变得异常艰难。尤其在数字沟通中，信息容易变得模棱两可，也更容易被人误解（对权力较小的一方来说）或者使对方产生自我怀疑（对权力较大的一方来说）。本章将解读数字肢体语言中常见的让人产生焦虑的信号，以及如何避免引起他人猜疑和困惑的行为。

你的数字压力源是什么？

- 我是否话太多？
- 别人是不是想抢我的功劳？
- 要是他们觉得我想法荒唐怎么办？他们会小看我吗？
- 语音或视频通话时出现一阵沉默跟我有关系吗？
- 我是否在这封邮件里表达清楚意思了？
- 收件人会误解这条信息吗？

应对歧义

如果经理提醒你马上到最后期限了。那么他是好心帮你，还是在炫耀自己的地位？如何分辨两者的不同呢？

别人表达的语义不清时，以下两个问题可以帮助你决定下一步该做什么：

> 双方谁权力大？彼此的信任程度如何？

权力 = 速度

想想你的老板，权力比你大，你响应他的要求时有多快啊！所以你的反应速度便能反映出对方的权力大小。现在再想想对权力没那么大的秘书或下级的报告，你会以多快的速度回应他们。一般情况下，与老板和客户沟通时，我们会努力保证回复的速度、明确性以及内容质量，而与下级沟通时，我们可能会发送一条与工作主题无关的俏皮话。这是为什么？是因为老板位高权重，这促使我们在繁忙的工作中更加谨慎地使用数字肢体语言。

信任也很重要

交流双方的信任程度也决定了交流的方式和内容。如果你给一位共事多年、彼此信任的同事发一则简洁的信息，他会理解为你工作繁忙。但如果双方因为工作竞争导致信任程度较低，那对方便有可能把你的简洁信息理解成你对他心存不满。除此之外，信任还受其他因素的影响——年龄、性别、文化和种族等都会影响我们对他人意图的判断。

应对模棱两可的信息最好的方法就是使用"信任和权力矩阵",这一工具在我们处理职场中不同的工作关系时用途很大,能够帮助我们记住那些重要的数字肢体语言。

请看下面的矩阵。y 轴表示你相较于对方的权力水平。如果你有更大的权力(这就意味着对方是你的下属),那请看矩阵的上半部分。如果你正在和你的老板或客户沟通,那就看下半部分。x 轴表示信任级别。如果你与对方有紧密的信任关系,请看矩阵的右边,反之则看左边。

信任和权力矩阵

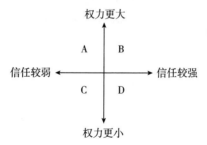

如果你属于象限 A(也就是说你的权力大,但跟他人的信任关系弱),于你而言重要的是让下级知道他们受赏识的原因。这只需要做一些简单的事情即可,比如回复"谢谢你的来信"或"我现在在忙,但我稍后会给你答复",这有利于他人建立合理的预期。

如果你属于象限 B(也就是说你的权力大,有着良好的信任关系),你可能在跟对方交流时过度使用简洁话语。

你需要跟下级明确任务的最后期限和你的期望,不要假设他们能"充分理解你的意思"。

如果你属于象限C(也就是说你的权力小,跟他人的信任关系也弱),请做出快速、周到的反应,不要畏惧问清状况。你应该把增加双方之间的信任作为目标。如果完全没有头绪,那就找一个能指导帮助你的人。

最后,如果你属于象限D(也就是说你的权力小,但跟他人的信任度高),切不可放松警惕、马虎对待工作和沟通。

我的客户告诉我,这个简单的矩阵对平衡关系中的权力和信任有奇效。通过使用"信任和权力矩阵"这个工具,你可以了解哪些数字肢体语言信号最重要,以此来提高你的沟通能力。

好心办坏事

在权力动态机制中,意图非常重要,而数字肢体语言却总能扭曲意图。在我职业生涯的早期,我曾给一位大公司的首席财务官发过一封电子邮件,那时,她打算把我介绍给她的同事,我本意是想表明很重视她的时间,体谅她繁忙的日程安排,于是我发了这样一封邮件:"我只是想跟进一下,我知道您很忙,所以我想直接和约翰对接。"

结果适得其反。她回复说:"我建议你发邮件时别再以提醒别人事务繁忙为开头。"(这也是她最后一次和我联系。)

我并非不尊重她，恰恰相反，我十分尊重她。现在看来，我们之间的权力差距太大、信任程度很低，我当初措辞应该更谨慎一些。

如果她在度假或者根本不忙，认为我这样说是故意让她感觉不好怎么办？我明明该直截了当地说出来，却用"我知道您很忙"来应对自己的不安全感。

这件事带给我的教训是，要时刻警惕双方权力大小和信任程度之间的差距，并及时调整自己的数字肢体语言。有时候人们心情不好，或者他们一心要曲解你的意思，再或者他们想炫耀自己的权力，不管什么原因他们就是会误解你。不要做那种人，因为关系不会一成不变。

言为心声，心口合一

在数字世界中，"真实意图"和"实际解读"的脱节比比皆是，且因"网络去抑制效应"[①]现象而变得更加严重。当我们放下防备，摒弃礼节，忘记现实中的种种限制，在网上敞开心扉、畅所欲言时，脱节便会产生。约翰·舒勒（John Suler）在《网络心理学与行为》（*CyberPsychology and Behavior*）上发表的文章讲到，网络去抑制效应来自虚拟互动过程中典型的"匿名性、隐蔽性、异步性、内向性、游离性想象和最小化权威"。[2] 面对面交流时，我们的

[①] 网络去抑制效应是指人在网络环境中表现出不同于面对面交流时的行为，包括放松、较少的约束感和较开放的自我表达。

社交暗示——面部表情、语气、手势等都起到了行为控制的作用。除非你很生气或已经重复说了20次，否则你可能不会对一个看起来快哭的朋友说"现在就去做！"

当团队努力理解彼此的意图时，权力博弈、敌意和怨恨通常随之而来，这不仅会削弱对彼此的信任，还会影响合作和创新。

数字焦虑会阻碍我们进行高效、清晰的交流，在深入分析其最常见的一些根源之前，请记住这件事：

* * *

让言语变得无懈可击。

* * *

在哈佛大学任教的几年里，我注意到一个学生，他在说话之前总是会停顿一下。无论是回答问题还是在课堂上陈述，可以想象他在发言前花了多少时间和精力去思考。无论过去还是现在，我都觉得这是一项重要的领导技能，使他脱颖而出。无论是线上还是线下沟通，要做到言语无懈可击，需要在回应之前认真倾听并理解对方的想法。

有一次，一家服务消费者公司的营销经理给总经理发了一封用词刻薄、语气生硬的电子邮件，希望得到批准。这位总经理的第一反应是"收起你的脾气！"，但他斟酌后从容地回复道："我想让你知道，在这个时候说这些刻薄的话是没有用的。"如果有人给你发了一封带有消极对抗意味的邮件，比如"我猜你把我的活儿也干了吧？"请忍住用"不，我是个持证上岗的白痴，一辈子都没完成过任何事情！"这样的话来反驳对方，相反，用事实和细节说话，比如："我现在正在做这件事，会在周五上午10点这个最后期限之前给你。"或者："我们的计划将在周三完成，这是初稿。如果你还有其他需要，请告诉我。"

通过使用无懈可击的语言，你不仅在消极交流或不妥交流中化被动为主动，还向他人展示了正确的回应方式。

我收到一封令人困惑的邮件，现在怎么办？

如何应对模棱两可的信息

- 试问自己，歧义是因媒介特点、表达语气还是实际信息内容而产生的？如果是媒介的问题，那就换其他的媒介。有时，电话交谈比电子邮件更好，有时，电子邮件比发短信更好，因为它更适合思考和阐述观点。如果是语气的问题，那就假设对方是出于好意，用事实来回应。如果问题出在信息本身，那就先问清楚信息真正的意思。
- 如果信息仍然存在歧义，就向信赖的人征询意见。
- 主动站出来，表明你需要得到一些说明。问问发件人：问题是什么？需要做什么？我怎样才能提供最大的帮助？

我自身存在问题吗？

如何避免产生数字焦虑症

给别人写信时，先问问自己是否存在以下问题：

- 我传达的信息是否清晰？
- 收件人是否会用另一种（或两三种）方式来理解我的信息？
- 如果我的信息让人困惑，是否可以用另一种媒介和语言风格来更清楚地传达它？
- 如果我有更大的权力，我的表达是否在无意识中变得简练、含糊？

什么时候电子邮件也成了罗夏测验？

罗夏测验，也被称为墨迹测验，由瑞士精神病学家赫尔曼·罗夏（Hermann Rorschach）于1921年发明。这项心理测验要求受试者观察一系列墨迹，并报告他们看到的形状或图像，然后对受试者的感知进行评估，以确定他们的思维过程、关注度和个性。例如，当你看其中一个墨迹时，你看到的是蝙蝠的翅膀还是蝴蝶的翅膀？是双手合十祈祷的人，还是穿斗篷的恶魔？又或是人行道上正在融化的冰激凌？这些答案几乎与墨迹本身无关，却能揭示情感的运作过程。

在工作中，我们每天都会遇到类似墨迹的问题。比如这个：

简·罗宾逊（Jane Robinson）
回复：
收件人：埃丽卡·德旺（Erica Dhawan）

你为什么没完成？——简

乍一看，这是一封简单明了的邮件，很可能是匆忙之中写下的。但是，简这封电子邮件到底想传达什么意思？这是她在商学院学到的撰写电子邮件的方式吗？还是另有原因，例如，她在进行数字权力博弈？

对于这个问题，你怎么看？我们模仿罗夏测验的形式，列出4种最常见的引起焦虑的数字肢体语言。排名不分先后，它们分别是：

- 说话简洁
- 消极对抗
- 回复缓慢
- 回复信息形式化

说话简洁

> 这什么意思？
>
> 我们得谈谈。
>
> 今天能发给我吗？

简洁吗？简洁。会令人心寒吗？没错，令人心寒！
我早年在一家大型咨询公司工作，那段经历让我知道，简明扼要的信息会给人带来多大的压力。当时，我认为自己对语言信号和弦外之音的理解相当好，但事实并非如此。

我之前在纽约生活、工作，几乎每天都和伦敦的一位英国高级合伙人交流。我们相距3500英里（约563千米），从未见过面，只能通过电子邮件和电话交谈。作为一名年轻的合伙人，我急于证明自己，而那位伦敦上司似乎也乐于与我共事。可惜，在90%的时间里，我都不知道他需要什么，甚至不知道他在想什么。

他是我们项目的高级领导，自然为我们的沟通风格奠定了基调。他的电子邮件就像俳句一样简练。"客户简报"听起来和"雾气卷上岸，浮标叮当响"有什么不一样吗？遵循他的简约风格，我会回复"请详述"。在他结束客户会议和去机场之间的7~10分钟，是我与他通话最多的时间，而我在这些谈话片段中收到的反馈只会让我更加困惑。他一开始会说："再加把劲。"几天后变成了："我们一起重做吧！"尽管"我们"从来没有一起做过。他也从没跟我说过到底是什么需要再加把劲、什么需要重做。时间久了，我便感觉自己不可能成功了。更糟糕的是，他对我的工作并不满意——这一点我是知道的，但由于没有更进一步的指导或反馈，只有几行邮件文字，我无法解决问题。

因为我从来没有得到有效的数字反馈，且我们之间权力的差距导致我没有提要求的资格，因此我连那些自己能胜任的工作都没有完成。凡是有关项目的事情，都令我持续性焦虑，这种焦虑直到我离职才消失。

权力高层的简洁话语并不少见。在摩根士丹利（Morgan Stanley）流行着这样一个笑话：级别越高，在短信或电子邮件中表达感谢的字符就越少。初入职场，新人都会说"非常感谢您"；升职一两次后，这句话变成了"感谢"；再升职时，就会变成"谢了"。而高级领导只会写一个"X"。他太重要了，太忙了，太被大家需要了，连他母亲都别想再收到多一丁点儿的字符。

高级领导人是出了名的发信息随意、发邮件草率。蹩脚的句子，糟糕的语法，错误的拼写——他们认为自己根本没有时间去关心这些东西！说话简洁的确会让一个人显得很重要，但它也会影响你的事业。收到草率的邮件意味着收件人要花时间来理解邮件的意思，而这会影响进度，也可能让你付出高昂的代价。

一位叫汤姆（Tom）的主管是出了名的办事粗心、说话简洁。有一次，他的下属给他发了一封邮件询问："您是希望我们继续推进这个计划，还是收集更多的信息？"汤姆却只回了个"是的"。谢谢你，汤姆，我们可能会继续推进其中一个计划，或者一边推进计划，一边收集信息，也有可能两方面都不继续跟进了。想象一下，在有人向汤姆指出他还没有回答这个问题前，团队浪费了多少时间去争论这个回复的意思！

员工敬业度话题的专家贾克琳·科斯特纳（Jaclyn Kostner）博士提醒粗心的高管们："你必须挤出时间认真回复信息。否则，你不适合这份工作，应把工作让给别人。或者你需要卸下一些责任，谁都不应该给别人发晦涩难懂的邮件。"[3]领导者不必回应每一条信息，但对于重要的工作指示，他们和下属的沟通应该是清晰的。想象一下，如果我那惜字如金的老板肯多花10分钟去说清楚他的要求，我的工作会从一开始就做得好得多。

这类含义模糊的信息导致我们过度思考，努力填补缺失的词语和含义，从而引发巨大的压力和困惑。我曾经有个客户叫珍妮特（Janet），我们有多年的业务往来。当时我俩正在为几个月后的某项活动做准备。在我们通话前两天，我发了一份活动议程表以便商讨。她回复了一封电子邮件说："好的，我们谈谈，还得再谈谈预算问题。"我的心一下子沉了下来。我猜她是想说预算不够，没法给我合适的报酬。我气极了，一晚上几乎没怎么睡，接电话的时候心情还很差。

"我忘了承诺过要付给你多少钱，"珍妮特马上说，"你能告诉我吗？这样我才能把它列入预算。"

我预先做了最坏的打算，因此浪费了不必要的时间和精力。我和珍妮特的关系虽然不受影响，但由于权力差距，我很容易对我们的业务安排感到焦虑，导致我在真正需要做的事情上分心了。

如何回应令人费解的信息？

如果你收到语义不清的简洁信息，可以做以下几件事：

- 如果是工作要求，请问清楚这些问题："请问您需要我做些什么？"或者："感谢提醒，您最迟什么时候要？"
- 如果你不确定某一件事，就询问你需要了解的细节，以便更好地了解对方的意图以及手头的任务。
- 把沟通的方式改为打电话、视频聊天或面对面会议，这样可以获取更多的信息。

如果你始终觉得你发出的信息和得到的回应之间存在脱节：

- 试问自己：是否清楚收件人需要做什么，为什么需要做，以及何时需要做？
- 试问自己：这个沟通方式合适吗？一通简短的电话是否会比电子邮件提供更多的背景信息？

消极对抗

> 根据我之前的电子邮件，
> 我从这里开始说起……
> 等等，我是不是错过了什么？？？

我们都有过这样的感觉。有时我们需要解读某种说法，这个说法完全没有问题，却让我们困惑不已。当她在短信中输入"我之前的电子邮件"或"只是一个善意的提醒"时，她真正想说什么？

听起来她像北欧女神一样睿智和温柔，但实际上是在说："你根本没有读我写的内容。上点心，真要命！"或者："快点把这事办好！已经很晚了！我还在等你！"

有时候，我们认为这样的语言是一种轻微的冒犯，会加剧同事之间本就存在的矛盾。其他时候，我们告诉自己，这可能是老板在商学院学到的说法，而他并没有意识到这看起来是多么傲慢和古板。

这里举个例子。梅丽莎（Melissa）和罗莎莉（Rosalee）是同事，她俩非常合拍。但当她们开始一起做同一个项目时，事情就开始走下坡路了。

想象一下她们在聊天应用叽喳（GChat）上的如下对话片段：

梅丽莎：嘿，姑娘！我知道你很忙，但你今天能否将报告的初稿给我？

罗莎莉：嘿！当然可以啦！亲爱的！按理说，提交日期是明天，但你需要的话，无论什么时候都可以！

梅丽莎：太感谢你了！事实上，项目时间表上显示昨天就要交，但我不想打扰你，只想确保我们的进度一致,稍后我发你时间表的链接😊😊😊辛苦你发我报告啦。等会儿要不要去喝杯咖啡?

罗莎莉:谢谢你的好意,但我就不去了,要做那个报告。不过别担心,我会马上查看项目时间表。祝你今天愉快,梅丽莎。😎👍👍👍

我猜这两个人短期内不会一起吃饭了。梅丽莎不应该用一起喝杯咖啡来缓和谈话,她从一开始就应该更直截了当地切入重点,避免含糊不清的话语,如"我知道你很忙,只想确保我们的进度一致"这样的话。梅丽莎本可以这样提起:"嘿!我的项目时间表显示你今天就能完成报告。那我什么时候能收到文件?"这样的信息十分简洁,不仅显示了她的信息来源(她的项目时间表),还能清晰、直接地询问。

一位住在华盛顿特区的作家以及营销人员丹妮尔·雷内(Danielle René)在推特(Twitter)上发布了推文,列举了人们使用日常数字语言相互诋毁的微妙方式。[4]"根据我之前的电子邮件"正是巧妙纠正甚至羞辱发件人的首选。雷内还邀请推特粉丝投稿他们认为的最能体现双方敌意的例子,这件事很快就走红了(获得10000次转发,40000次点赞,1000多次回复)。[5]在我看来,最明显的赢家是一封主题为"友好提醒"的邮件,上面写着:"我想把我之前的邮件在你的收件箱置顶,因为我知道你真的一直都特别忙。"

在雷内的推特调查中，有很多亮点。

@chocolateelixir：我喜欢转发之前的邮件，并说"我说的也不一定对哈，但你这里讲的……"

@darkandluuney："只是重申一下……"，然后高亮并加粗上述电子邮件链中明确指出的内容。

@crumr018：我"不知道我的邮件有没有发送成功呢？我这边还没收到回复哦"。

@_verytrue：我超级爱说："有什么新进展吗？"（这位甚至附上了邮件截图！）

在以上所有情况中，收件人可能不理解发件人真正的潜台词，但这真的是重点吗？重点是，发送者能通过"只是重申一下……"以及"有什么新信息吗？"这类措辞获得满足感。

无论是好是坏，数字通信让我们无法看到对方的反应——这就是为什么我们要寻找"礼貌"表达愤怒的方法，关键词是"礼貌"。虽然其中一些短语可能会被理解为消极对抗，但忙碌的人（尤其是年纪较大的人）经常把它们作为合理的跟进请求，并没有任何暗示的意味。

不止一个客户跟我讲同一句话："谢谢您的耐心等待。"这令我十分纠结。每当我在电子邮件中看到"谢谢您的耐心等待"时，我不知道他们到底是借此打发我，还是真的花了比预期多几天的时间才回复我。我知道在大多数情况下,他们想表达的意思是:"对不起,我回复晚了,这比我预估的时间要长。"像这样表达就很好。我也没必要为此失眠。

常用短语背后的消极对抗情绪	
根据我之前的电子邮件	你根本没有读我的邮件。这次上点心
供日后参考	你已经知道这是错的,还让我来纠正你这么明显的"错误"
将邮件置顶	你是我老板,这是我第3次问你了,赶紧把这破事搞定
只想确保我们的进度一致	我要确保将来提到这封邮件的人都知道我一直都是对的
展望未来	不要再像这次一样搞砸了

那么,我们如何在不消极对抗他人的情况下,制定个人"跟进这个问题"的方式?什么时候让老板知道实情,同时又不显得自己像个混蛋?什么时候我们要发短信回复信息而不是发电子邮件?什么时候我们要用电话来澄清事情?

现在让我们回到信任和权力矩阵。

想一想,我和对方之间谁的权力更大,彼此的信任程度如何?

如果你们之间有很高的信任度,就选择打电话,也不用担心产生回复得太快或不够正式等相关的问题。如果你们的信任度较低,或者权力差距较大,那么要使用正式渠道进行回应，回复的信息具体有礼貌（听起来很有礼貌的信息和消极对抗的信息之间往往只有一线之隔）。

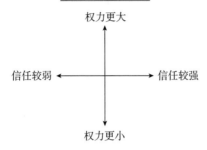

信任和权力矩阵

该如何面对进行消极对抗的同事或老板？

- **避免生气或沮丧时回复信息**。这样做不仅能防止词不达意，还能节省时间，防止事后后悔。如果感觉自己情绪不对，就把电子邮件存为草稿，等心情转好后再修改发送。

- **保持理智**。仔细思考你的回应，并清楚告知他人采取行动需要的具体信息。抱着善意的想法，站在他们的角度问自己："他们为什么会犯这样的错误？"有时，可以给收件人附上一个简短的摘要，对方就不必翻阅以前的电子邮件（"这是我需要你做的事"或者"这是开放日期"），这样做非常实用。

- **表现出同理心和鼓励**。用"你可以做这个吗？"这样的条件性短语来代替"就这么做"这样的祈使句。进行回复时，先表达赞赏，使用诸如"谢谢"或"做得很好"这样的词语。

回复缓慢：你怎么不再给我打电话了

如果平时开朗的同事在走廊上无视你活泼的问候——"你好！"你就会感到不对劲。如果回到办公桌前时，同事仍然选择沉默，你就会想知道发生了什么。其实，让你如此焦虑的并不是同事的沉默，而是行为模式的改变。

在数字世界里，所谓的沉默对待可以是迟迟不回复的电子邮件、短信，甚至是"玩失踪"，而这会引发一种"时间焦虑"的现象——当我们发现自己反复琢磨回复时间的潜在含义时，会产生强烈的担忧。这样的时间焦虑可能持续数小时、数天、数周。对方真的只是……太忙吗？你的电子邮件是否已经投递成功？它会不会被识别成垃圾邮件？或者是"沉默的回复"——对方故意不回你的信息？

沉默的表现

有时，我们会收到冷冰冰的回信，就像是从大堂门下偷偷塞进去的快餐传单。如果发生这种情况，我们可能会产生自我怀疑：我是不是反应过度了？有没有可能是对方比较直接，想直接说到点子上？

我们普遍依赖于快节奏、实时的短信,当我们在其他渠道没有即时收到回复时,会异常沮丧。试想一下,你刚给其他团队的同事发了封邮件:"有空一起吃晚饭吧?"两天过去了,没有得到任何回复。但同事却抽时间在 Facebook 和 Instagram 上发了一张宠物柯基犬的新照片。你不再继续给他发邮件,而是"点赞"了他社交媒体上的柯基照片,希望你的小红心会让他内疚,能够回复你的第一封邮件。一星期过去了,他才回复道:"对不起,耽误了!!!"最后碰面时,发现他真的只是被压力压得透不过气(训练一只柯基犬也要付出努力),没有心情去参加一场晚餐聚会。还记得以前的语音邮件吗?那时,一星期内的回复都是可以接受的。下图展示了我们在漫长的等待回复时间中所经历的情绪起伏。

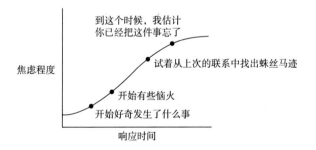

还有其他模糊不清的情况。我的朋友玛格丽特(Margaret)告诉我,当她跳槽去另一家公司时,一位前同事不再跟她讲话了。玛格丽特给她的同事发短信,说自己要离开了,结果等了 8 天才收到回复。在玛格丽特看来,两天没回复就相当于不联系了。我的另一位朋友朱莉（Julie）告诉我，曾有人一星期后才回复她的紧急短信，她非常恼火，也不想做出任何回复。她认为对方这长达一周的沉默就是在"忽视自己"，于是她就以其人之道还治其人之身。可惜，并没有硬性规定能让我们知道某人是否在利用沉默作为武器。更重要的是，我们都要意识到数字肢体语言会传达某些信号，不管是有意的还是无意的。

"玩失踪"是一个相对较新的术语，用来描述不回复短信或邮件的行为，特别是连后续消息也不回复的行为。我的另一个朋友尼尔(Neill)给他的朋友雪莉(Shelly)发了一条 WhatsApp 信息："收到信息后能给我回个电话吗？"那时，雪莉的手机已经弹出了信息通知，但她正在生尼尔的气，没有心情回复他，因此她想到了一个解决办法：预览完短信后，滑动通知，便假装没有读过尼尔的短信。看到信息一直显示未读，尼尔就认为她真的没有读过。对雪莉来说，只要她不点开信息，她就不用回复。过了一阵，雪莉终于打开了 WhatsApp 上的信息，回复道："嘿，刚收到这个！我马上就给你打电话。"（他们俩后来告诉我，他们之间的交流就是这样进行的。）

由于期望得到及时回应，人们很难从如今的各类通讯平台中抽出身来。我们都曾有像雪莉或尼尔一样的经历。我们不能想当然地认为其他人也会快速（或缓慢）回复信息。在职场，围绕通讯应用程序和时间框架建立一致的规范很重要，这样一来，我们就不会因为下场会议要进行的交流而一个接一个"玩失踪"。

避免数字失踪

如果你在等待对方回复：

- 不要急于下结论。除非你必须马上得到回复，要记住人们可能同时在做很多事情。
- 如果你发了两次信息都没有得到回复，那就换其他沟通方式吧！

如果你需要回复某人：

- 如果你能在60秒内回复这条信息，请立即回复。
- 如果事情很紧急，请立即回复或者告知发件人你正在处理。然后在日历上定个回复时间。
- 对于不紧急的事情，不要紧张，也可以暂且搁置，方便时再跟进即可。

正式程度：讲究客套

毋庸置疑，如今的职场已经不像10年前那么正式了。不论是从我们的穿着打扮来看，还是从组织中上下级人员的互动方式来看，时代确实已经改变。就连我在律所和四大会计师事务所的客户都认为，职场的正式程度已普遍降低。于是，稍微正式一点可能会像是在显摆权力。有时太正式则会让你显得不友好或冷淡，与他人格格不入。

说"谢谢"是最基本的礼节，这是有一定原因的。诸如"谢谢您的晚餐""谢谢您这么快给我回电话""谢谢您提供的宝贵时间"。但是，同事，特别是同行为了增强个人专业权力而使用这两个字的话，又当如何呢？"5点前把报告给我，谢谢""我会在早上8点准备好，谢谢"。在这种情况下说的"谢谢"就从一个简单的感谢变成了强硬的命令。不用说，如果你的同事以一副倚势凌人的样子对你说出这句话，你很难不生气。

当同事和你的关系从友好变得正式时，通常会让人担心。例如，老板给你发了一封电子邮件，邮件的开头变为"亲爱的史蒂夫（Steve）"，而不是他通常的开场白（开门见山，甚至不提你的名字）时，你会怎么想？如果你在一个长期合作的同事的电子邮件签名上看到"祝好"而不是"谢谢"，你又会怎么想？

特瑞娜（Trina）的沟通风格是出了名的随性。有一天，她发了一封长长的电子邮件，列出了一系列工作要求，并且每一个工作要求都用不同的颜色加粗，这让其他人措手不及。特瑞娜觉得自己表达清晰，要求明确，做得非常好。谁知团队成员戴安娜（Dianne）在收到这封邮件时，也想表现得幽默一些，于是她给整个团队回复了一个俏皮的评论："哇，多么鲜艳的电子邮件！我们真是个意见不一的团队呀！"特瑞娜回复说："话说，我才是这儿的经理哦……"哎呀，特瑞娜觉得戴安娜喧宾夺主了，于是就摆起架子表达自己的不满。虽然这种语气提醒了戴安娜，特瑞娜说了算，但这也影响了她们的关系。

签名、盖章、发送

邮件问候语和签名的正式程度也能暗示彼此情感的深浅。如果你通常以"真诚地祝愿"或"敬上"作为落款，那么你可能更愿意与收件人礼貌地保持距离。如果你天生就比较正式，那么真实流露也没什么不好。但如果你想在工作中建立亲密的友谊，正式的表达可能会让你吃亏。

这种语气也延伸到了我们的工作描述中。美国银行的一位前高管曾经这样描述他的经历："每当我想从公司里不认识我的人那里得到回复时，我就在电子邮件签名前加上副总裁的头衔。这样一来，我就能更快得到回复。"如果你的邮件以"嗨"这样的问候语开头，或者在邮件的最后一行加上一个微笑的表情符号，收件人就会觉得你是一个比较随性的人。

电子邮件中的代词也能体现我们偏好的正式程度，更不用说一段关系中的权力变化了。心理学家詹姆斯·彭尼贝克（James Pennebaker）发现，在任何互动中，地位高的人使用"我"字的情况比地位低的人更少（没错，是更少）。[6]彭尼贝克通过分析他在大学任教时的电子邮件，用亲身例子来检验这一理论。根据他的发现，他报告说："我一直认为我待人热情、平等，对人的态度基本相同。

但我发现，本科生给我的来信中，都是'我''我的'。而我的回复虽然友好，但和他们迥然不同——几乎没有一个'我'字出现。然后我分析了我和学院院长的邮件。在我发给院长的电子邮件中，通篇都是'我'，相反，他的回复中几乎没有'我'字。"[7]

要想减少团队成员的焦虑感，同时提高透明度，上级应该围绕抄送、全体回复、邮件标题的撰写以及其他表示等级的信号的使用制定明确的规则。迈克（Mike）是一家大型科技公司的总裁，他告诉员工，他把所有抄送的信息都存放在一个单独的电子邮件文件夹中，每周都会查看该文件夹，但不会特地给出回复。总体而言，迈克的员工比我遇到的大多数团队员工都更有目的性。由于有明确的规范，他们知道何时使用邮箱，也知道在自己受到邮件轰炸时该怎么办。

我的数字肢体语言应该多正式？

- 如果是一段新关系，就按权力更大的人所选择的正式程度来。
- 如果这是一段长期相互信任的关系，并且关系发生了突然或逐渐的变化，导致沟通的正式程度发生变化，问问自己为什么，或者考虑和对方确认一下。
- 如果这是一段长期的关系，有明显的权力差距，沟通的正式程度发生变化，则遵循权力更大的人的改变。

就像其他形式的交流一样，在理解别人的数字肢体语言时，多想想好的一方面。不要因为他人模糊的数字肢体语言，就断言自己被孤立。把别人往好的方面想：也许他们的工作马上到截止日期了，所以很匆忙，或者是他们根本就没注意到信息，毕竟谁都会有这种情况。如果在不知不觉中冒犯了他人，自己往往是最后一个发现的。

如果自己仍然感到困扰，而且不能当面沟通，就通过电话或视频聊天的方式联系对方。表明自己焦虑的源头，不要过度道歉或指责对方，而是要求对方把问题说清楚。无论双方距离有多么遥远，这样都能帮助你们建立起信任和联系。

第三章
你究竟想要表达什么？
如何读懂他人话中所指

从小，我的母亲便不厌其烦地提醒我："埃丽卡，站直了！"我当然试过，但对我来说，松松垮垮地站着总是比腰背挺直舒服多了。除了母亲，我的老师也因我姿势不良而告诫过我。然而，直到找到第一份工作，我才挺直了腰板。"你的身体姿态表明你的自信程度，"我的一个导师告诉我，"无精打采的样子让你看起来毫不专业。"以前，我总是把懒散与自身的怠惰联系起来，后来我意识到懒散带给我何种感觉倒在其次，重要的是它向别人传达了关于我的何种信息。

请回想你上次参加会议的情况。坐在桌子最前面的是谁？谁迟了几分钟？谁又特意坐在谁的旁边？有没有人随意地把椅子推离桌子？谁整场会议都在查看邮箱？在职场中，正是这些细节间接地表现了个人的自信程度、影响力和在工作中的权力大小。

现在，你是否能够指出在上次电话会议、视频会议、群聊或 Slack 中出现过的类似情形？电话会议中的即时信息和邮件往来已经取代了面对面会议中令与会者分心的私下闲聊。"座位政治"现在表现为"收件人""抄送""密送"以及名字出现的顺序（你的名字排在第一个，还是最后一个？或者是挤在中间的某个地方？）等形式。在面对面会议中，直接的眼神交流可以表达很多东西。如今，一封内容简明、排版干净且以句号结尾的电子邮件仿佛有了拒人千里的威慑力；人与人之间的热情和友好通过感叹号、表情符号或及时回复信息的方式来表达。以前，同事们进场、退场的氛围和告别时的握手往往能表明会议进行得如何。如今，我们只能从同事们后续发来的邮件中，根据其问候语和结尾的语气来猜测他们上次会议的感受。

数字肢体语言从根本上说可能是随意的，但随意并不等于毫无顾忌。在所有良好的沟通中，每一个词和信号都很重要，尤其是在当下，眼神交流缺失，而且我们没法再依靠声音和语调即时做出判断。

在本章节中，我将探讨现实世界中的肢体语言是如何转化为文字、标点、发送时机和媒介渠道的；接收者可能误读文字信息的情况有哪些；以及如何得心应手地使用各类词语和表情。

下面展示的是我们每天接触的最重要的数字肢体语言信号以及它们在现实生活中的对应关系：

- 优先级 = 媒介的选择
- 情感 = 标点和符号
- 尊重 = 时机
- 包含 = 收件人、抄送、密送、回复所有人
- 身份 = 你的数字角色

数字媒介的选择——优先级设定的新标尺

根据实际情况选择最佳的数字媒介——电子邮件、Slack、电话或短信，非常重要。首先，你需要确定信息的重要性或紧急程度；然后，明确沟通对象。是否需要告诉同事其在工作陈述中犯的拼写错误？如果需要，以什么方式告知最合适——电子邮件、Slack、电话还是短信？如果犯错误的不是同事，而是你的领导呢？

尽管任何媒介都是有效的，但媒介不同，所带来的一系列潜在含义也不尽相同。学习如何"驾驭"这些令人困惑的隐藏含义，是具有数字感悟力的一个明显标志，也是个人专业素养的标志。

举个例子：阿德列尔（Adriel）是一家大型企业的新任总经理，她需要了解一位难打交道的客户的信息。于是，她在深夜给客户经理布莱恩(Brian)发邮件，邀请他

明早参加会议。

内容如下:

待出席会议:(无主题)

上午 8∶00—9∶00,周五

发件人:adriel@doe.com

收件人:brian@doe.com

布莱恩按约定的时间到达公司,不过看起来有些焦虑。在和阿德列尔开始交谈后,布莱恩的肢体语言表明他放松下来了。交谈良久后,布莱恩脱口而出:"我昨晚接到会议邀请后一直睡不着,还以为自己要被解雇了。"阿德列尔对此很是诧异。对她来说,那份邀请只是一则客观的通知:为你的领导腾出时间,并按照邮件上的具体日期赴会。但对布莱恩来说,由于并不知晓前情,收到这样的邀请会让他认为对方态度冷淡,没有人情味。而这份邀请可能意味着一件事:自己的工作出了差错,领导连最基本的职场礼仪都不顾忌了,自己即将被赶出公司。如此一来,由于不清楚阿德列尔选择媒介的标准,布莱恩提前做了最坏的打算。

沟通渠道的选择

渠道之间的切换可以表明信息紧迫性的转变,甚至表明沟通双方关系的亲密程度。我的父亲是一位医生,在我的记忆中,父亲总是随身携带传呼机。每当哔哔声传来,我们立刻就明白——父亲必须回到工作岗位了。他回到办公室便安排人员去照顾病人。那时,我也有一套类似于即时在线的通信方式,是属于我自己的紧急代码。比如,我最好的朋友一旦发来"911",我就知道应该马上用家里的电话打给她,了解最新的热门八卦。

我们花时间发短信、打电话,甚至顺路去同事办公室门口跟他们说一声"一起加油",这样的方式能够帮助我们与人保持联系、表达尊重。但是,如果领导在邮件中肯定了某个项目,却不说任何夸赞的词语,而是继续给员工发送多条信息,不停地询问,了解其他事情。员工可能会好奇究竟发生了什么事,领导的反馈怎么如此反常,他为什么如此关注这个项目,是项目出问题了吗?为什么领导连珠炮似的询问打得员工措手不及?当领导本人资历颇高时——当然如果他们没有资历,他们就当不上领导了——他们所做或所说的一切都具有压迫性。因此,当老板的行为模式与寻常不同时,下属们便会自然地紧张起来。

任何一位领导(或员工)都可以通过切换到合适的沟通方式来重新掌握工作局面。任何人都可以通过转换信息沟通方式来获取沟通优势。例如:你刚收到一条短信,但不能立刻做出回复,需要时间斟酌语言,那么你可以回复对方一封邮件,借此传达出这样的信息:这个问题需要更周全的解决方案。如果你是试图联系某人的一方，你可以使用对方常用的媒介来发送信息，以此来建立更好的双向互动。如此一来，你更容易得到令人满意的答复。

有时候，你发现自己选择了不恰当的沟通渠道。例如：一封邮件往来回复3次后，你可能会意识到其中的细节过于复杂，需要同步讨论。这种情况下，最佳的解决方法是尽快安排多人视频通话或预定一场线上会议进行讨论。

（不要）打电话给我！

几年前，我认识了同行兼同事艾丽莎（Alisa），我们主要通过电子邮件互相联系。有一次，我们计划在星期六晚上共进晚餐。那周晚些时候，我意识到自己需要推迟见面，重新安排时间。这是我三周内第3次取消约会，当时我感觉糟透了。我不想再给艾丽莎发邮件了，那样会显得我不太靠谱。所以我决定直接打电话，不过她没有接听，我便留言到了语音信箱。两小时后，艾丽莎发短信询问："发生了什么事吗？"我告诉她自己无法赴约了，她这才松了一口气。后来我才知道，当时她以为发生了什么灾难性的事件，否则我怎么会突然切换沟通方式呢？

我们中的大部分人都会有情绪波动、喜怒无常的时候。比说话的内容本身（或根本没说什么）更令人不安的是，对方改变了说话方式或说话时机。通常，我们面对意想不到的数字肢体语言时，会做最坏的假设。然而，大多数时候，这些意想不到的数字肢体语言并无特殊含义，可我们一旦误解便容易产生心理焦虑。

当我和艾丽莎见面时，她承认自己有电话恐惧症。40多岁的她已经习惯了通过短信和电子邮件与人交流，以至于当电话铃声突然响起时，她会慌乱无措，甚至感到惊恐。当然，她并非个例。我们中的许多人（尤其是一直以来便将即时通信和短信作为首要沟通方式的人）在处理起短信、电子邮件时得心应手，一旦有电话打来，就仿佛碰上了即将引爆的炸弹，唯恐避之不及。此时的我们不堪一击，毫无准备，甚至感觉自己的私人空间受到了侵犯。当我们还未通过电子邮件与某人建立起较为熟络的关系时，这种感受尤为强烈。

我们都会对某些沟通媒介有所偏好，比如短信。同时我们也会对某些毫无兴趣，比如，Zoom或者电话。25岁的莎拉（Sarah）在一家广告公司工作。她曾对上司选择的媒介表示不满："每次我用电子邮件将报告发给领导，他都以电话的形式回复我，并提出意见和问题！唉！"莎拉的愤懑与艾丽莎的电话恐惧症很相似。如果她接到一通突如其来的电话，就会措手不及，感到十分尴尬。

也就是说，有些人认为电话比电子邮件更有效、更个性化、更具协作性。事实的确是这样，但电话也有不尽完美的一面。虽然电话和视频通话是一种普遍的信息交流媒介，但这也让人们不得不总是同时处理多项任务，更不用说人们在使用这些媒介时，会无法避免地出现交流卡顿的情况，着实让人尴尬。而这种特有的沟通卡顿通常会让我们对其他人产生不同的看法，若双方是初次认识更是如此。[1]

"嗨！你能听到吗？"

"……什么？……哦！我能听到！你好！"

"……我说，你能……那太好了！我们开始吧！"

"刚刚你是说什么太好了？"

"（叹气）……我们的通话是不是有些延迟……"

"……好像是……"

我听不见你说话！

我一直对21世纪初威瑞森（Verizon）通信公司的系列广告印象深刻。广告内容是一位代言人首先拿着手机站在玉米地里，随后站在哈德逊河上的一艘船上，接着出现在儿童乐园里，最后出现在一座雪山的山顶。"你现在能听到我说话吗？"他重复吼道。好吧，如果2001年用2G网络就能听见他从山顶上传来的声音，那为什么我在客厅用Zoom开会时却听不清其他人在说什么？事实证明，技术总有其局限性。

米塔·马利克（Mita Mallick）是前联合利华多样性和包容性部门主管，现就职于卡塔（Carta）公司。她曾试图在有25名同事参加的Zoom视频会议上发表意见。"我大概被打断了 3 次，然后我试图再次发言，这时又有另外 2 位同事同时开口打断了我。"马利克回忆道。² 当她终于有机会发表意见时，她却根本无从知晓在屏幕对面的同事会作何反应。马利克讲笑话的时候也是如此——她不禁怀疑会有人被逗笑吗？他们是否同意自己的观点？大家又为何都茫然地看着自己？

我们在使用微软的协同软件 Teams 和 Zoom，甚至电话时都会遇到因技术问题而沟通延迟的情况。我们在讲完几句话后停顿，期待看到同事们点点头以示鼓励，而当没有人做出回应时，会上的沉默令人难以忍受。如果在讲话时不停顿，我们就有可能无意中打断别人的发言。停顿时间过长，整场会议又会变得异常安静。不仅如此，沟通延迟除了浪费大家的时间外，还会改变我们对彼此的看法。更糟的是，在视频通话时，我们要么注视屏幕要么看着摄像头，两者只能选择其一，因此无法直接进行眼神交流。

针对以上情况，我有一个建议——在 Zoom 或 Webex 会议开始之前，我们必须承认一个显而易见的事实：视频通话本身就很尴尬。这不是用户自身的原因，而是技术的问题。为了尽量避免尴尬，每一位与会者都应打开摄像头，并且保证背景简洁，人们若需发言，举手示意即可。另一个建议便是——发言时适当停顿。一旦发言完毕，可以询问大家是否理解了自己所说的内容，是否有什么疑问？如果有，就把提问者添加到群组聊天中，等两分钟后再同他们一起探讨刚刚提出的问题。[3] 这样就消解了与会者在提出疑问后，等待解答时可能出现的沟通延迟问题，避免无效沟通。

公司的组织架构和企业文化不同，其对沟通渠道选择的标准也不同。因此所有的领导者都应该为他们的团队制定恰当的、易于遵循的规范。一般来说，这意味着每位负责人都必须花时间分析团队对数字媒体的使用情况，并明确团队成员在何种情境下最容易被误解或感到尴尬，以此来规划团队共同前进的道路。对此，在本书第五章"承诺体现在细节中"一节有详细探讨。

无论使用哪种沟通媒介，保持分寸感都是十分重要的。非紧急事件可以等到工作时间再处理。如果实在需要在工作时间（早上 7 点到晚上 7 点）之外发出邮件，比如通知其他人会议时间安排在次日一早，我们也许还需要编辑一条提示短信。如果前两条信息都没有收到回复，我们就不要再连续发送十多条即时信息。通常，若工作内容需要定向更新或有相关要求时，我们应选择电子邮件作为媒介以保证留有沟通记录。此外，电话或视频会议最适合团队间进行深入讨论和决策制定。

当然，这些边界规则也有例外情况。当急需通知同事们明天客户会议的时间有变动时，你可以在晚上 10 点发送一条短信。但是，你需要有充分且恰当的理由来打破边界规则，而且不能将此习以为常。习惯性越界是团队倦怠崩坏的最快途径。

我应该发电子邮件、发短信，还是打电话呢？

在选择沟通渠道之前，我们需要问自己以下几个问题：

我是想进行一次快速的对话吗？

我需要传达的信息是否包含很多细节？

我需要最快在什么时候得到答案？

我与收件人之间是正式关系还是非正式关系？

（我们将在第五章"细心沟通"中深入探讨哪些因素会影响你的媒介选择。）

标点符号和沟通符号——传递情感的新标尺

假设你收到同事发来的短信："我刚把计划发给杰森（Jason）了！""哈？什么？"尽管这是你的第一反应，但你在输入栏删了又打，改了一遍又一遍还是拿不定主意，不知道如何回复。你为什么要为这无关紧要的事紧张？因为以下4个不同的回答都有其特殊的、极其微妙的含义。

我刚把计划发给杰森了！	我刚把计划发给杰森了！
好吧……	嗯。
我刚把计划发给杰森了！	我刚把计划发给杰森了！
好的！	知道啦😊

正如我在本书的前言中所说，非言语信息（面部表情、手势、声调、音量大小）占了我们沟通信息的近四分之三。大家都知道，我们的计算机屏幕过滤掉了以上传递信息的途径，剥离了许多人类特有的情感体验，迫使我们适应计算机的情感逻辑（如果计算机有情感的话）。

为了弥补这些缺失，我们的非正式语言用得更多了。在错过电话会议或赶在最后1分钟取消午餐约会后，为了给文本内容注入语气，同时防止对方误解，我们可能会回复："我太太太抱歉了！！！"而不是还像以往一样淡淡地说声"抱歉"。为了进一步阐明内心的感受，我们推出了具有代表意义的表情符号和标签，例如"赞"和"hhh"。可想而知，结果往往不尽如人意，表情符号的使用并未让我们的沟通更加顺畅，反而使话语的真实含义变得让人琢磨不透。

当你发送微笑的表情时

布罗迪（Brody）和杰西卡（Jessica）同为一家公司的新员工。布罗迪来自一家初创公司，而杰西卡曾就职于一家大型律师事务所。最近二人被指派合作跟进一个项目。没过多久，杰西卡就对她的新同事产生了厌烦。

这是为什么呢？原来是布罗迪习惯性地在电子邮件中使用大量的表情符号和缩写，而杰西卡回复的邮件专业且正式——没有缩写，没有表情符号。杰西卡有意让布罗迪意识到自己的表现太不正式了。布罗迪虽然接收到了杰西卡传递的信息，却未领会杰西卡的真实意图。他认为杰西卡是个保守的人——无趣，死板，像只蛮横的蜂王只知道指使他人。相比之下，布罗迪一直都喜欢用心形、微笑和各种标点符号表达自己。他把这些看成是平易近人和友好的体现。而杰西卡却认为，在工作中使用这些符号显得粗鲁且轻浮。之后，二人水火不容，针锋相对。合作项目结束后，他们又在私下里互相诋毁。

在这件事上，布罗迪和杰西卡分不出谁对谁错。他们都有自己惯用的沟通方式。我无意冒犯杰西卡，然而，我们可以利用表情符号和标点符号，将情感注入无趣、单一的数字通信中。即使在 Zoom 或 Webex 电话中，与他人聊天或给别人点赞也能传递我们的能量，甚至能体现我们的人格魅力。

我们需要形成一套属于自己的可以熟练应用于各种情境的标点符号和象征符号体系。但在此之前，你需要考虑以下问题：你希望你和收件人的关系如何发展？如果你追求较为正式的沟通，不想使用过多的符号，那就叙述客观事实，保证句子以句号结尾。此外，如果你的领导或客户的数字肢体语言比较正式，我建议你以同等的态度和形式与他们进行交流。另一方面，如果你想建立亲密关系，而对方似乎也乐意接受，那就继续使用表情符号和缩略语吧！

我太激动啦！！！

我最喜欢的《宋飞正传》（*Seinfeld*）其中一集的剧情是这样的：埃莱娜（Elaine）是一位图书编辑。一天她回到家发现男友（也是她合作的作者之一）把她的电话留言记在了一叠纸上。接下来便发生了如下对话：

埃莱娜：我有点好奇，为什么你不用感叹号？

杰克(Jake)：你在说什么呢？

埃莱娜：你看，你在这儿写的是："米拉（Myra）的孩子出生了。"你没打感叹号。我的意思是，如果是你要好的朋友生了孩子，我给你留信息的话肯定会用感叹号。

杰克：好吧，也许我不习惯像你一样随随便便地就打上感叹号。[4]

问题就出在这里：在短信和电子邮件问世之前，有些标点符号很少使用，甚至几乎不用。大多数人都忽略了它们。可以说，感叹号的回归是标点符号发展史上颇具史诗色彩的一幕——对我们这些没有自觉地跟上时代的人来说，同样具有警示意味。

从传统意义上来讲，感叹号体现的三种基本含义：紧急、兴奋和强调，会通过皱眉、扬眉、手指轻敲、语速提升等形式表现出来。若是某人非常兴奋，甚至还会跳起来。

如今，人们通常在短信和电子邮件中使用感叹号以示友好。我们在使用电子邮件传达信息时，感叹号已变得必不可少，否则就会给人留下唐突甚至冷漠的印象。在邮件第一句话的结尾处加上感叹号更容易传递出发自内心的情感，并帮助双方就邮件内容达成情感共鸣。

> @springrooove
> 成年人的邮件文化是邮件必以感叹号结尾，然后再通读一遍，酌情调整感叹号的数量。

图片来自推特匿名账户，发布于2019年2月20日下午3：42。原文地址：https：//twitter.com/springrooove/status/1098337153648611329?lang=en。

如今，人们使用感叹号是为了吸引和保持读者的注意力。从本质上说，感叹号就像在摇旗呐喊："嘿！快来听！我在跟你说话呢！"然而，对"数字原生代[①]"来说，感叹号的使用远没有这么讲究，也不带其他的特殊含义。感叹号充当着友好的信号，更像是在告诉别人"我不会造成任何伤害"，而不是"车库里有只一英尺（约0.3米）长的老鼠！"通常情况下，女性使用的感叹号比男性多，因为感叹号能够代表女性在交流中常有的点头、微笑以及大笑等动作。我的朋友凯伦（Karen）曾告诉我："一名女

[①] 数字原生代指在网络时代成长起来的一代人，一般指80后甚至再年轻些的这代人。该概念由教育游戏专家Marc Prensky于2001年首次提出。

性发送一封不带任何感叹号的电子邮件是件令人恐惧和刺激的事儿。"

当然,感叹号亦不可过度使用。例如,贝拉(Bella)花了两周时间回复了希拉(Sheila)关于"如何管理新团队"的电子邮件。贝拉在邮件最后写道:"抱歉耽搁了!!!!"希拉对此感到气愤,甚至懒得回应。"4个感叹号加上一句'抱歉耽搁了'?未免太虚假了。"在希拉看来,过度使用感叹号是不真诚的表现——对方根本没有这么热情。但事实果真如此吗?

虽然我们将感叹号视为传递正向情感的符号,但大多数作者、编辑和写作风格指南都建议人们要谨慎地使用感叹号。如果必须使用,我们应该加以考量和判断,如若使用不恰当,它们会被解读成发件人过度紧张,表现不成熟。

感叹号:入门级数字语言!!!

我们需要真正理解感叹号代表的含义。一般来说,当我们想更大声地,甚至更得体地传达某个信息时,我们会使用感叹号。"感叹号是将事情重要性提升一个档次的最快速、最简单的方法。"《发送:为什么人们如此不擅长发邮件,我们怎样才能做得更好》(*Send: Why People Email So Badly and How to Do It Better*)一书的作者之一威尔·施瓦尔贝(Will Schwalbe)写道。感叹号可以增加语言的分量并传递真挚的情感,它仿佛在生动地告诉读者

"请相信我,我真的就是这个意思!"当三四个感叹号连用时,这一点尤其明显。例如:"你是在讽刺我吗?""当然不是!!!!"不过需要注意的是,当感叹号与大写加粗的词语一起使用或在紧张的语境下使用时,更像是在呐喊,例如:不!!!!

根据我的经验,感叹号连用的情况确实十分棘手。

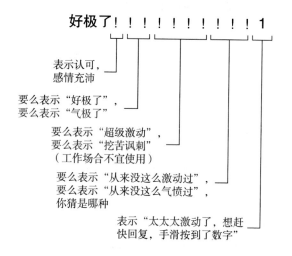

简而言之,在使用感叹号时最好遵循"极简主义"。

身为女性的压力!!!研究表明,女性认为可以用感叹号来表示热情友好,使自己更具亲和力。而男性则倾向于使用感叹号来表示情况紧急。[5]缺少感叹词会引起他人的恐慌情绪。我认识的一位女销售人员有一个习惯,就是在回复团队成员的邮件时说"好的"。这让大家纷纷猜测她是同意别人的观点,还是在办公桌前暗自愠怒。如果她认识到这一点，将"好的"改成"好的，没问题！"那这个问题便迎刃而解了，甚至有助于在团队成员间培养出更深厚的信任和友谊。我们将在第八章中进一步探讨这个话题。

流泪、吐舌、眨眼和皱眉：入门级的表情符号

除了简单的微笑，其他表情符号也为单薄的数字通信创造了聊天氛围。而表情符号又对应着现实生活中的哪种肢体语言呢？实话实说，其对应的是我们的面部表情。在现实中，我们用手势、身体姿势以及说话的语气（高亢欢快、粗暴愤怒、兴奋热情）来辅助表达我们的情绪。表情符号只不过是模仿人类的情绪而设计的迷你版表情。

2015年，《牛津英语词典》（Oxford English Dictionary）公布了它的年度词汇"笑哭的表情"，也就是我们所熟知的"😂"。但人们对此却褒贬不一。一些人认为，把一个愚蠢的笑哭的表情称为"单词"是对英语语言的"玷污"；还有一些人则乐于接受，认为这有利于通用语言的发展。在我看来，表情符号对提高工作效率和培养企业文化至关重要，因此，企业高管也应该在与员工的日常工作互动中使用表情符号。

当今社会，即便对于善于沟通的人来说，表情符号也已经成为一种必不可少的快捷工具。它们不仅出现在短信和群组聊天中，还被广泛地应用于演示文稿、视频会议和

电子邮件。用表情符号能够更快捷、更生动、更丰富地表达自己。然而，当我们用表情符号来代替实际的文字时，造成的混乱与误解往往超出我们的想象。

我收到了项目的确认书，方便的时候给我打电话，我们讨论一下！

人类每天发出60亿个表情，平均每人在24小时内发送出96个。[6]不仅《牛津英语词典》将表情符号列为年度词汇，学术界也注意到了表情的广泛使用。"我们正处于语言发展的新阶段，"印第安纳大学信息科学和语言学教授苏珊·贺林（Susan Herring）称，"越来越多的图形类表达，如表情符号、动图、贴纸和梗图等，正被纳入数字沟通的语言中。"[7] 2015年，雪佛兰（Chevy）推出了一份全部信息由表情符号组成的新闻稿。[8]虽说这明显是一个噱头，但它成功地展示了表情符号是如何被当成一门通用语言使用的。

即便如此，表情符号还是不会在短期内成为任何人的第一语言。它们更接近俚语，最好是作为强调用词而非直接替代具有真实含义的词汇。另外，如果我们追求清晰明确的沟通效果，表情符号的应用可能并不像我们想象得那么普遍。

首先，我们需要根据沟通对象的特点为其打造一套专属的表情符号。什么情况下微笑的表情仅仅表示自己在微笑，什么时候又是另外一种含义？比如双方默认达成了某种共识。我之所以这样说，是基于这样一个真实的故事。当房东亚尼夫·达汉（Yaniv Dahan）收到两个有意向的租户发来的一连串"微笑"表情时，他确信自己找到了理想的租户。他们二人表现得积极热情——发过来一个微笑、一瓶香槟、一对跳着华尔兹的夫妇等等这些表情。双方一来一回的短信中散发着友好、欢乐的气息。于是，达汉撤下房屋出租广告，等待这对夫妇与自己签署租约。他等啊等！最后，达汉心中这对理想的租户竟然跳着华尔兹离开了，可能脸上仍然带着笑容，胳膊下夹着一瓶香槟酒。达汉彻底糊涂了。

与大多数人不同，达汉没有就此放下。感觉被戏弄了的达汉将这对钟爱使用表情符号的夫妇告上了小额索赔法庭，最后，这对夫妇赔偿了达汉 2200 美元。法官的理由很简单：这对夫妇使用表情符号"哄骗"达汉，误导达汉认为他们会租房，属于恶意行为。法官补充说，"这些符号向对方传达出的信号颇具误导性。被告当时并不确定自己是否要租下这间房子。"[9]

换句话说，在错误的时机发送不恰当的表情符号不仅会造成误解，还会因此丢失钱财。所以，请谨慎使用表情符号！

当考虑是否使用表情符号或想知道它们的含义时，请思考一下这个问题：使用这个表情，你感受如何？我曾经通过群聊与一个4人团队合作一个国际研究项目。在沟通时，每当詹姆斯（James）分享一个新的见解，艾薇（Ivy）都会用一个微笑的表情回应。这个表情符号让约翰（John）不禁怀疑艾薇的意图：她是真的那么兴奋，还是为了表示讽刺？事实上，艾薇只是在用自己与中国朋友之间常用的聊天方式来回应詹姆斯，以此表明自己对这些见解的赞同与支持。

请谨慎使用表情符号

不要相信那些刻板印象。表情符号不仅仅是年轻人的"专利"，儿童和青少年也是使用表情符号的主力军。如此一来，便推动了语言的自由和创造性使用。老一辈的人大多会慢慢学习年轻一代的常用词汇，表情符号也不例外。"太牛啦""我的锅"和"太赞了"，这些词汇一开始听起来既笨拙又幼稚，但如今它们在各个年龄段的人群之间都颇受欢迎。如果一个工作环境能够接纳"我的锅"，那么这里的员工对领导使用微笑表情这件事便也见怪不怪。

使用表情符号前要三思。要知道，性别、文化背景、国籍不同，人们对表情符号的接受程度也会有所不同。一项研究表明，过度使用表情符号意味着工作能力不足，而且年轻女性更有可能受此影响。[10] 在西方国家，竖起大拇指表示同意或批准；而在尼日利亚、阿富汗、伊拉克和伊朗，它被认为是粗俗且有冒犯意味的动作。与方言或说话口音一样，表情符号通常被认为是"地理位置、年龄、性别和社会阶层"的标志。[11] 例如，在一些国家，茄子的表情符号仅代表一种怪模怪样的蓝黑色蔬菜；但在其他国家，如美国和爱尔兰，茄子的表情符号代指男性的生殖器官。我会在第九章中为大家详细地解读表情符号。

数字时代下句号的全新含义——令人抓狂的新情境

曾几何时，句号和逗号可以说是世界上最枯燥的标点符号，专门用来表示一句话的结束或停顿，就像这样。如今，就是这样一个普通的小圆圈，人们已经从它身上挖掘到了全新的含义。除了被用在陈述句的结尾，句号其他的用法可谓冷酷无情。人们在聊天中使用句号可传达出愤怒、不满的情绪。

> 今晚可以帮我遛狗吗？

当然可以！

> 今晚可以帮我遛狗吗？

当然。

> 今晚可以帮我遛狗吗？

好……

与其他标点符号不同的是，句号在数字沟通中具有超乎寻常的、夸张甚至是出乎意料的含义。不妨试想一下，当有人给你发短信："今晚可以帮我遛狗吗？"你回答道："当然。"虽然是肯定句，但这个答复听起来有些不确定。相比之下，加了感叹号的表达："当然可以！"则传递出了一种兴奋甚至渴望（你喜欢那条狗！）的情感。"没问题、可以、好的"，这几种回复似乎在表示"我可以照看你的狗，但我就不得不取消原定的晚餐计划。虽然你的请求给我带来了麻烦，但鉴于我们的朋友关系，我还是答应你，即便我打心里不情愿帮你这个忙。还有，你欠我一个人情"。

2016年，心理学家丹尼尔·古拉吉（Danielle Gunraj）进行了一项研究，她将实验参与者分为两组，让其中一组接收一句以句号结尾的短信，[12]另一组则被安排阅读一封结尾是句号的手写便条。然后她分别收集了这些人对短信和手写便条的印象与看法并加以对比研究。古拉吉发现，在短信中，以句号结束的句子更容易被认为是不真诚的，但就手写便条而言，句号毫不影响人们对真诚的感知。

以上实验的结论并不适用于电子邮件中句号的使用。在邮件中使用句号并不会传达气愤的情绪或给人不真诚的感觉。这一点和我们在现实生活中使用句号的效果类似。

我的朋友阿里亚（Aria）是非营利性组织"有所作为"（DoSomething.org）的总经理。她乐观友好，十分受欢迎。日常工作中，她习惯使用表情符号、感叹号，甚至还偶尔给员工发送动图。最近，在团队的Slack频道上，阿里亚匆忙回复了一句："好的。"这样的回复没错吧？但当天晚些时候，阿里亚的助理告诉她，这条回复"令人害怕"。大家都以为领导生气了。在同事们眼里，阿里亚一反常态，简单的一句话就能让人慌了神。由此可见，当朋友或同事发短信时用句号结尾，通常给人以冒犯冲撞之感，甚至使对方感到恐慌。

点、点、点……

如果说一个句号会让人抓狂，那么一连串的多个句号（本处特指英文语境中的句号"."）——省略号，会让人更加困惑。省略号到底是意味着对方在提出问题，还是在做出声明？这六个小圆点究竟是什么含义呢？如果你收到一条含有省略号的信息，你是否能够准确地推断出对方想要传达的意思，你的想法和对方的初衷是否不同呢？

可惜，所有这些问题的答案都是肯定的。一般来说，省略号既表示省略信息，也表示说话方希望有人继续提出问题或进行陈述。例如："不。"在"不"字后边加上句号能迅速结束一场对话，而加上省略号后的"不……"

则表示对话有待继续。在某些情况下，省略号还可以用来传递不满的情绪，让对方思考自己犯的错误并加以改正。例如："我不确定你是否收到了邮件，因为我还没有收到回信……"当然，省略号还有其他的用途，要么用来表示幽默或讽刺的意味（这些眼镜，嗯……），要么表示"等一下""嗯（思考中）"或"我不知道"等意思。

省略号代表的含义

省略号是一种最能体现"消极对抗"的标点符号，需谨慎使用。 我们即将谈到的这三种情绪：犹豫、困惑、冷漠，都能依靠这六个圆点传达出来。它向对方表明有事发生，但需要自己猜测发生了什么事。因此，为了达到清晰明确的沟通效果，请避免使用省略号。当然，当你想表示自己话还没说完时，就请放心地使用吧！

老年人使用省略号的方式不同。 为什么老一辈人更爱使用省略号？揣测发件人的语气已经很困难了，然后他们又会发来"哈哈哈……"或"你好……"这样的信息。其实对于老一辈人来说，他们并不了解感叹号的隐藏含义，并且认为使用省略号相比句号能使语气更加柔和。但是对"数字原生代"来说，若是在上网时碰上省略号，常常能读出一丝讽刺的味道。

抱歉，刚刚的问题是什么？

众所周知，在非数字写作中，问号代表对某事有疑问、感兴趣或心情恼怒。对应到我们的肢体语言上是把头歪向一边并眯起眼睛。

一直以来，问号总能营造出紧张的氛围。例如，费尔南多（Fernando）正坐在工位上吃午饭，这时他的领导悄悄走到他面前。"你在忙什么？"老板问。费尔南多心里冒出来的第一个想法是：领导到底是在问我在忙什么，还是在旁敲侧击地表示"你似乎很闲"？也许领导的意思是"你现在不该吃饭"，或者是"我现在有一个任务要交给你"。不难想象，今天我们要读出电子邮件或聊天页面中问号背后的潜台词有多难，因为我们连说话人此时的面部表情、语音语调和肢体语言都无法知晓。

如果一个问句以三个问号结尾，那该怎么办？如果是五个问号呢？？？？？多个问号能够营造紧迫感，透露出不耐烦甚至是恐慌的情绪。例如，如果你的朋友发来短信："你在工位吗？"你可能不会想太多。也许朋友在附近，他想顺便过来问候一下。但是，如果这条短信内容是这样的："你在工位上吗？？？？？"看到短信的你，心可能会提到嗓子眼儿。

一般来说，一条信息中包含的问号越多，其背后的情感就越强烈。这一点在女性中表现最明显。（我们将在第八章中进一步分析性别差异在数字肢体语言上的表现。）

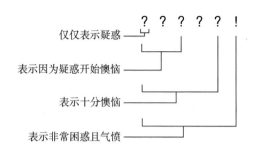

事关重大：大写加粗

我们如何表现自己对某事感到非常兴奋或不耐烦呢？和大多数人一样，你可能会用手指敲击桌子，发出"我们走吧！"的信号；也有可能扬起眉毛、咬紧牙关，甚至大喊大叫。当然，这些都是猜测。在数字沟通中，我们无法运用肢体语言来表达这些情绪，就只能通过将相关文字大写加粗来表达。

我们可能从一封全是大写加粗文字的邮件中读出敌意、威胁和愤慨。但如果这封邮件来自你两个月前刚刚学会发送电子邮件的外婆呢？一般来说，文字正是每个人个性的诠释。但如果两人非常熟悉、彼此信任，都了解邮件内容的前因后果，那么他们便不会在解读邮件时产生误解。即使邮件的文字全部被大写加粗，也影响不了他们对彼此的看法。接下来，看看以下几封邮件：

发件人：约翰　　　　　　　时间：上午10:02
邮件内容：**你能在今天将这个发给我吗**
（表示事态紧急或对方很气愤）

发件人：约翰　　　　　　　时间：上午10:02
邮件内容：**这是什么意思？？？**
（表示对方很感兴趣或懊恼）

发件人：约翰　　　　　　　时间：上午10:02
邮件内容：**我们需要谈谈**
（这要么是一封紧急会议通知，要么仅仅表示对方打字很快）

为了解读约翰信息中的大写加粗的文字的深层含义，我们首先需要了解他与收件人的关系。如果约翰和收件人是同行，那么显然约翰是一个相当有资历的人。如果约翰和收件人是亲密的朋友，那么约翰可能是随意为之并且打字速度很快。如果约翰是你的老板，噢！抱歉，我不该这么假设。

如何使用大写加粗的文字

- 为了避免引起信息接收者的焦虑，我们应尽量控制自己使用大写加粗文字的频率。
- 如果你在工作中习惯将文字大写加粗，同事很可能认为你在"大喊大叫"。所以最好只在需要发挥自己幽默感的时候这样做。
- 只有在团队遇到紧急情况时才优先使用大写加粗的文字。

接下来我们将讨论混合标点。莉娅娜（Riana）收到老板特雷莎（Theresa）发来的简讯：*"莉娅娜-你能不能**不要**未经我批准就发送这些邮件？！？"* 这封邮件有四个地方让莉娅娜感到困惑——连字符、斜体字、加粗的文字和"？！？"。

特雷莎很少拐弯抹角地说话，所以莉娅娜认为特雷莎在发出这封邮件时肯定怒不可遏。直到后来，莉娅娜才知道，原来那时特雷莎刚丢了一个大客户，心情异常烦躁。那段时间内任何和她有邮件来往的同事都被当成发泄的对象，而整件事与莉娅娜无关。

我们都遇到过这样的人，他们一旦被激怒，就会不由分说地拿起身边的东西进行无差别攻击。他们的"武器"可以是手机、钢笔、花瓶，以及在上面的例子中出现的邮件，所有的情绪都被浓缩在连字符、斜体字、问号和感叹号之中。

回复时机——尊重他人的新标尺

2017年，佩奇·李·琼斯（Paige Lee Jones）（@paigeleejones）发布推特称自己最讨厌的事情是："你在4分钟内回复了一封**紧急**邮件，却收到对方'休假中，停工'的回复。"[13]

当与对方面对面交谈或打电话交流时，我们平均只需200毫秒（0.2秒）就可以做出回应。[14] 对我们大多数人来说，转身离开或者挂断电话就意味着谈话结束，这一点不言自明。

但是，面对面交谈或打电话交流都需要双方同时在场。如今这很难实现，因为我们中的大多数人每天都忙乱不迭，有些人还要与跨时区的同事合作。而数字沟通的一大好处就是对话双方不需要在同一时间或同一地点进行实时对话。平均每个人回复一封电子邮件需要 90 分钟，回复一条短信需要 90 秒。[15] 数字通信能让我们在闲暇时与他人互动，但这也意味着沟通可能存在**延迟**！实话实说，大多数人都会比较反感沟通中的停顿与沉默。每当这种时候，我们不禁会想：怎么如此安静，是否一切安好？在沟通延迟的空当时间里，若交流双方信任程度不高或双方不在同一权力水平上，我们脑子里可能会蹦出一连串的想法来解释此时的沉默。

数字沟通通常是异步的，这意味着你和我并不一定要进行实时对话。例如，当你在健身房跑步的时候，我给你发了一封电子邮件。于我而言，我们之间的对话刚刚开始。但你可能在接下来的 1 小时、2 小时、3 小时，甚至更长时间内都不能进入这场对话。异步交流让我们在回应信息的方式和时间上有了更大的选择空间。但如果你是等待回应的一方，在这段等待的时间内你可能会产生焦虑感。例如，发出紧急求助短信的员工在 5 小时后才收到回复，这样的行为无疑让求助者感到愤怒和孤独。苹果公司推出的即时通信软件——iMessage 的界面上有三个泡泡似的小圆点。当有人在打字时，它就像一颗跳动的心一样不断收缩膨胀，如同我们等待回复的心情，等待的时间里每一秒都无比漫长。当三个小圆点消失时，我们不禁会联想到自己是不是被忽视或者被遗忘了，是不是对方有了更值得沟通的对象。

在这个依赖数字技术的世界里，信息来往中哪怕是再短暂的停顿都具有非凡的意义。可大多数时候，对方未及时回复信息并不是在传达特殊的含义。也许她正忙得不可开交，没有注意到自己收到了短信；又或许她不小心将手机调成了静音，自己也忘了手机在哪里。

一天晚上，我约了朋友们聚餐却迟到了，手机也恰好没电了。朋友们到了约定的餐厅后，见我迟迟不来，越来越担心，便给我的丈夫打去电话询问。随后，我丈夫也给我打了好几次电话，但都被转到了语音信箱。他在一家银行工作，在他看来，任何事情都应该得到快速的回应（他手机的电量从来不会低于50%）。我的迟迟不回复令他非常担心，甚至饭吃到一半就跑到城市的另一头去见我的朋友，一起想办法寻找我了。

如果在10年前，这样的事情并不会发生，因为在那个时候，即使你1小时后还没有收到某人的回复，你也只会继续等下去。世界照常运转。

与此形成鲜明对比的是，如今，数字沟通中的沉默有了新的、潜在的意味。在工作场所，沉默不仅让人担忧，还会让我们的同事感到被冷落，尤其在聊天框中明晃晃地显示"已读"两个大字却没收到回复时。明明信息已经传达到位，可为什么对方却不给我一个回复。正如一个朋友说的那样："我不知道对方是否真的看到了信息。如果已经看到，那为什么不回复我？他是在生我的气吗，是在无视我吗？"我安慰她，让她想想其他的可能性，比如：收件人正忙，他需要更多时间来做出详尽的回复。而朋友的回答是这样的："或许吧。但也可能是对方借着不回信息的名义在告诉我，他生气了！"

可能那些你认为对你有意见的人根本没有生你的气，甚至他们都没想到你！不妨试想一下这种可能性：对方其实是忙到忘记了回你信息。就像我的客户萨拉所说："有时候我不做回复，是因为我没有时间给出我认为得体的答复，所以我会把这件事延后，但忙着忙着就会忘记。这时对方会认为是我不够在乎而不想理会。事实恰好相反，正是因为我考虑得太多才给耽误了。"

此处援引著名数字营销顾问亚当·伯蒂格（Adam Boettiger）在《纽约时报》发表的文章："我们会发现，比起礼貌地拒绝，越来越多人选择不予回应然后删掉与某人的对话框，假装它不存在，就像有人来找你，你却假装不在家一样。"[16]

做出回复的最佳时机是什么时候？

- 人们通常能够接受最长 24 小时的回复空当。
- 收到即时信息，请尽量在工作时间快速回复，否则可能会给人留下为人粗鲁的印象并冒犯到对方。

- 如果你在非工作时间收到了一条信息，可以忽略掉它，待上班时间再做回复。如果这种情况偶尔出现一次，可以顺手回条短信息，提醒发件人自己晚一点回复。比如："好的，收到了！我会在周二之前回复您。"而不是让收件人苦苦等待你完整的答复。

任何一种沟通渠道——短信、电子邮件、电话和视频通话，都有自己的内置计时器。电子邮件的效率高于电话，短信又比电子邮件更快。如今，我们随身携带手机，总能找到合适的时间进行通话。当我们需要电话联系他人却未事先约好时，我们应该在几点二十分或五十分拨出。因为人们通常在整点或半点有自己的任务安排。工作日的早上是发出电子邮件的最佳时机：便于我们及时得到回复又保证了双方都有充足的时间做出工作安排。若在周末或下午发出，我们则可能收到较为简短的回复。

* * *

为自己设定沟通的界限和标准是非常合理的。

* * *

我们可以通过简单、清晰的沟通来帮助缓解由回复时间引发的焦虑。若不得不在某个时间发出邮件，可附上一句简单的"打扰了，可于明早之前回复我"。如果距对方来信已经很久了，我们不妨真诚地说明原委，比如："非常感谢您上个月的来信！在这里要跟您说声抱歉。最近的事情有点多，所以才这么晚回复您。"如果是重要的工作邮件一定要言辞真诚，比如："针对这次工作上的疏忽，请允许我再次向您表示诚挚的歉意。以后，我会更加严谨地对待工作，不允许此类事情再次发生。"

发送、抄送、密送和回复所有人——包容他人的新标尺

把电子邮件想象成一场体育赛事，你和收件人都是运动员。如果你不抄送或密送任何人，相当于你只是在不断练习，准备赛前拉力赛或与朋友互相陪练。当你在"抄送"一栏中添加收件人时，突然间观众就涌向看台。再把邮件密送发出，这下贵宾包厢也坐满了，球探、教练、赞助商都坐在这拭目以待。从现在开始，赌注便加码了。如果你选择只回复运动员，那么你就相当于正在进行一场私人谈话。而"回复所有人"相当于打开了赛事中通报信息的扬声器，你的声音将回荡在整个赛场上。

新消息：	
收件人：	此消息对谁而言比较重要？
抄送：	谁愿意了解最新情况？
密送：	我私下里想让谁看到这则消息？

抄送和密送使用起来非常棘手。我的一个客户珍宁（Janine）这样解释："我经常和老板分享一些工作邮件以供她参考，但密送感觉像是我在邀请她监视自己与其他同事的谈话。抄送邮件又让别人觉得我是在炫耀或是想抢功，所以我倾向于直接转发原始邮件给我的老板。这样看起来就像在正常地通过邮件与同事沟通，但后来又觉得有必要让老板知道所以转发给了她。"但这样做的结果是，珍宁的工作量额外增加了。

我有一些客户对"回复所有人"有一种天然的恐惧。史蒂夫便是其中一位，他是这样解释的："我喜欢公开透明，我的工作要求我群发邮件来获得反馈。然而，无论我怎么提醒，总有一些人会勾选回复所有人这个选项，即便我在邮件的开头将'**不要回复所有人**'大写加粗。所以现在我不得不以密送的方式来避免这类现象再次发生，以免给其他同事带来困扰。"

在我曾就职的工作单位，有同事提醒我：选错聊天会话框会导致严重的后果。科琳（Corinne）在这家公司工作了将近 7 年，经常被一位叫梅丽莎的强势同事欺负。办公室的每个人都对梅丽莎那报复心强的性格有所耳闻，但梅丽莎还有几年就退休了，没有换工作的打算。和梅丽莎共事，科琳受了不少委屈，但她热爱自己的工作并决定在公司待下去。

一个星期五的晚上，科琳工作到很晚，突然她收到了一个好消息：公司管理层终于打算解雇梅丽莎啦！科琳尽力掩饰自己的兴奋，同时也期待每个人星期一早上回到办公室时的反应。

到了星期日晚上，科琳在手机上查看了自己的日程表和邮件，为即将到来的一周做准备。其中一封未读邮件的主题是："激动人心的消息！"内容是关于公司已经开始的一个新项目。此时，科琳仍然因周五的消息而兴奋不已，她顺手将邮件转发给了关系最好的同事，还附上了自己的留言："哈哈！我还以为'激动人心的消息'是指梅丽莎被炒了呢！！"

然而2秒钟后，科琳收到了自己发来的邮件。她顿时慌得心脏几乎要跳出来了。她扫向收件人地址一栏，看到了下面那句话："哈哈！我还以为'激动人心的消息'是指梅丽莎被炒了呢！！"科琳把一切都搞砸了。她居然选中了"回复所有人"。是的，你没有看错，这封"激动人心的邮件"被发往了300多个邮箱，公司里大约三分之二的人都收到了。

这下糟了！科琳赶紧打电话联系一位信息技术部门的朋友帮忙，但对方没有接听。接下来，她拨通了老板的电话，还是无人接听。就这样，她度过了一个痛苦的不眠之夜。第二天一早，科琳到了公司后却被告知直接去人力资源部。没错，科琳被解雇了。

没过多久，科琳找到了一份新工作。但这次"回复所有人"的经历在她心中可谓无法磨灭了。她说:"从那以后,我不仅会反复检查我发出的每一封邮件,还绝对不会再使用私人手机来处理工作了!"

回复所有人、抄送和密送在职场中使用十分广泛,但我们需要思考哪些人才是真正需要收到这封邮件的。有些人会坚持认为自己应该知晓一切,但我们应当据实判断。回复所有人仅用于你与整个团队分享高优先级信息,例如:会议、公告、议程和企业相关的信息。我们应始终牢记与收件人之间的权力差距和信任程度。切记,当收到一个令人措手不及的信息时,不要妄下结论。

你的数字化形象——沟通身份的新标尺

无论是雇用保姆还是营销顾问,在聘用之前,我都会用谷歌搜索他们的相关信息,我相信大多数雇主都会这样做,甚至许多同事之间也会这样做,父母也用谷歌搜索自己孩子的朋友,这样的事情正变得越来越常见。我的邻居承认,她甚至在谷歌上搜索过我们社区的门卫。在数字化的世界里,我们在网上的身份——数字化形象,很可能是我们给社会的第一印象,如同在现实生活中一样,第一印象总是十分重要。

让我们来分析一下个人数字化形象的主要构成元素:

你的用户名。有时候,姓名决定一切,当你与从未在现实中碰过面的团队一起工作时更是如此。如果我对你的了解只限于从电子邮件、日程表邀请或 Slack 频道中你的用户名获得，我可能会得出什么结论？比如，你的真实名字是玛克辛（Maxine），若你的用户名是玛克（Maxi），则表明你在生活中可能是一个随性的人。若你的用户名就是真名，则给人传递一种正式感。如果你用单字玛（Max）来称呼自己，对方可能无法判断出你的性别。收件人往往会根据你的名字来建立对你的第一印象，所以我们切不可随意取名。在社交媒体上，我们最好使用真名，不要给自己取一个时髦的绰号，也不要用电影人物的名字，做自己就好。

你的电子邮箱地址。你是否拥有雅虎、Hotmail 或 Gmail 的电子邮箱？若你的用户名后面带有数字，那可就过时了。你用的是私人邮箱还是企业邮箱？你的企业邮箱地址可能标志着你在企业的权力水平，也可以解释为什么你的邮箱地址看起来如此正式。此外，若你向对方提供私人邮箱可能意味着你希望与他在工作之外保持长期的联系。

个人资料上的照片。你会在 Outlook 或 Gmail 平台的邮箱地址旁附上自己的照片吗？你在 Zoom 或 Webex 的个人资料中是否上传了自己的照片？他人能从一张夕阳美景图中看出夕阳有多美，却读不出有关你的任何信息。在个人资料里添加一张清晰、看起来专业的个人照也十分重要。当然，图像的质量也很重要，低分辨率的照片会给人以负面印象，而高质量的照片则表明你对自身的素质和形象持有战略性的眼光。

本人的网络搜索结果。在网上输入你的名字后,出现的前三个网站分别是什么?你为自己创建过个人网站吗?你的名字在企业的官网上够显眼吗?你就某热门话题发表的观点是否被报纸引用过?把这些信息集合起来也塑造一个你的数字化形象。理想情况下,人们在网上浏览到的有关于你的信息应该是正向、专业且值得信赖的。如果在网上输入你的名字,出来的全都是你扮鬼脸的照片,那得到的就是一个完全相反的形象了。除此之外,你还应该及时更新自己的履历以便他人能够更加全面地了解你的工作经历。

综上所述,我们探讨了数字肢体语言的多种表现形式。本书的第二部分将继续说明这些新型数字信号如何全面地影响团队——我们如何利用数字肢体语言来表示赞赏(显性重视)、寻求认可(细心沟通)以及重新定义数字时代的团队协作(自信合作)。最后,将这三个支柱理念融合起来便形成了以心理安全(充分信任)为特征的工作团队。

第二部分 数字肢体语言的四大法则

DIGITAL BODY LANGUAGE

为了真正理解数字时代的沟通理念,我们需要理解数字肢体语言的四大法则:显性重视、细心沟通、自信合作、充分信任。

我们如何利用数字肢体语言来表示赞赏(显性重视)、寻求认可(细心沟通)以及重新定义数字时代的团队协作(自信合作)。最后,将这三个支柱理念融合起来便形成以心理安全(充分信任)为特征的工作团队。

数字肢体语言的四大法则

第四章
显性重视

停止对我的不尊重!

你是否还记得当别人看着你的眼睛,握紧你的手并且发自内心地对你说"非常感谢"时,你是什么感受?在数字化的工作场所中,我们专注于他人的信息,通过数字肢体语言向对方传达"我听见了""我明白"的信号,并表现出自己显而易见的重视。这种显而易见的重视即显性重视,它不仅要求我们读懂数字信息,重视他人的时间和需求,还要求我们尊重对方,不可急于求成。

我认识一个叫吉姆(Jim)的人。当时我在纽约工作,他在达拉斯。那时我刚开始经营自己的咨询业务,吉姆则刚大学毕业开始求职。我们通过视频面试,在回答我的问题时,他反应机敏、回答机智,似乎对我们的工作很感兴趣,并且沟通能力很强。我想早点开工,便当场雇用他为我的营销策略师。

我的选择是明智的,事实证明吉姆的确是名出色的员工。他主动承担工作、不需要人时常提醒这点令我很满意。虽然我工作繁忙,但他总能跟上我的节奏,我安排给他的任务,他都能一一完成。每次我把工作要求发给吉姆,他总会立即回复我"好主意",这使我认为他会妥善处理好一切。(我经常回复他"谢了",以为他能明白我内心的认同。)

中间过程我就不一一赘述了,可六周后,我们手机上的对话却变成了这样:

我:你觉得怎么样?我实在是太满意了!

吉姆:并不怎么样。

我:并不怎么样?等下,你在说什么?

吉姆:我觉得并不怎么样,还有,我打算今天就辞职。

我:今天?等等,你是……你是认真的吗?

吉姆:听着,我有硕士学位,不想只做行政工作。我之前以为我会接手更多的营销工作。就像最初面试时说的那样,你还记得吗?可事实是,我们很少谈论相关工作以及业务的整体情况。

事实证明，我忙于推进工作，大多数情况下，只是每周通过电话跟吉姆联络，在达拉斯办公的他一筹莫展，既不清楚自己在工作中表现如何，也不知道自己为何要做这些工作——这点对年轻职员来说更重要。他回复"好主意"并不是在向我表示"我很高兴接到这个任务"，而是在向我透露"虽然我会尽力完成这项工作，但我更想谈谈个人的工作学习与发展"。而我回复他的"谢了"，本意是想表达"衷心感谢你的努力工作"，但在吉姆眼里却代表了我的不屑一顾。我以为自己直言不讳，最终却让吉姆觉得既得不到赏识，又不被尊重。

当时作为领导的我是否经验不足？答案是肯定的。如果我和吉姆在同一间办公室工作，我还会这么对待他吗？这是绝对不可能的。现在回想起来，我才意识到自己有多么不尊重吉姆。我每周的电话总是比约定时间晚8到10分钟，这浪费了他的时间，并且每一封"抱歉，耽搁了"这样的电子邮件都会让他更生气。有时我不加解释就切断我们的通话去接另一通电话。等我再回过头来跟他连线时，我们两个早已没了思路，只能硬着头皮浪费时间让思路重新接轨。有时我忙着处理更紧急的任务，回复吉姆的邮件也是支离破碎的。

吉姆这么为自己辩护是正确的，他说得很真诚，还给了我一次改正错误的机会。我们的这场对话并不愉快，却提醒了我显性重视的重要性，也提醒了我在工作和个人生活中，有意识地、开诚布公地尊重他人是多么重要。

超过一半的员工表示自己并未从领导那里得到自己想要的尊重。[1] 如此说来，好像这些领导是一群忘恩负义的家伙！但会不会还有别的可能呢？会不会是员工没有接收到领导的表达呢？既然尊重的标识发生了变化，要让同事仍然感受到被重视，我们表达尊重的方式也要做出相应的调整。

以前，尊重建立在面对面传达的信号上。每次互动都会产生积极的信号，而我们的大脑经过几十万年的进化后，会在不知不觉中理解这些信号。但如今，数字沟通中的许多互动都缺乏明显的能表明意义、传达尊重的线索。

* * *

当人与人透过屏幕来交流时，该如何化无形为有形？

* * *

和吉姆交谈后，我意识到自己犯了一个错误，这个错误也是如今影响交际双方参与度的难题之一：我认为如果我没有从吉姆那里听到任何消息，就表示一切都没问题（俗话说，没有消息就是好消息，然而这句话对领导企业来说并不适用）。如今，多达60%的团队合作是通过数字化的沟通方式和书面形式进行的，我们不能再凭感觉判定双方是否互相尊重。[2] 我和吉姆缺乏面对面的交流，这意味着我错过了很多重要的信息。我必须将每个项目的单一对话转变为多点接触，把不言自明的欣赏转变为显而易见的认可。

谈话过后，我向吉姆保证每次会议都能按时开始，以免耽搁了我和吉姆的时间；我们安排了每周一次的视频例会，一方面是为了回顾工作，另一方面是为了让他知道我很重视他，也很支持他。采取视频会议这样的形式有助于我观察吉姆的肢体行为，在他没能组织好语言或者需要时间进行思考的时候，直观地了解是什么让他感到不快。这样一来，我们不必来回发送电子邮件，而是利用视频"面对面"交流，这样的新模式很快就解决了我们的沟通难题。如此一来，我和吉姆也有机会探讨工作学习目标，进而开展了一个新项目，吉姆也会把它和其他工作一起完成。

总的来说，我和吉姆的沟通越来越顺畅，我会对他完成的工作给出反馈，对他的辛勤工作表示感谢。后来，吉姆和我一起共事多年，这些经验教训仍然不断指导着我的工作。

如今，我每隔一两周就会通过视频通话、电子邮件跟团队联系，保证团队成员能够感受到我的显性重视。而在选择沟通渠道时，我会因人而异，以确保尽可能多地表达我的鼓励或感激之情（比如，跟实习大学生联系最好选择Slack，任期结束时通过电子邮件向他们发送亚马逊礼品卡；与我的管理团队联络时，我会使用电子邮件，并尽量与他们的表达习惯保持一致）。我会保证别人发给我的每则信息都能得到回复，和团队开会时，我也不会让自己受到其他电子设备的干扰。

* * *

显性重视意味着不要自认为他人都"好好的"，相反，显性重视需要你主动表明你理解他们心中所想，并且重视他们的参与。

* * *

从我和吉姆的经历可知，显性重视让领导者学会改变环境，而不是改变个人，通过创造出一个尊重人的环境，让团队成员感受到领导的重视，进行有益的交流；让领导者利用多样化思维和多视角力量，促进团队创新创造。另一方面，不尊重（无论有意还是无意）员工会在无形中破坏合作、打击员工的主动性，降低员工的工作满意度。

停止对我的不尊重！

在为创作本书进行调研期间，我接到了一通激动不安的电话，它来自我的一位客户。他们的人力资源部主管正急需帮助。那时，该公司的一位领导正牵头一个备受关注的项目，却在维持团队运转方面遇到了棘手的问题。由于公司初创，领导希望员工延长工作时间，员工希望拿到未来股权，然而，团队间缺少合作，鲜有沟通，大家都能感受到沉闷的氛围，士气比较低落。目前，公司上市延缓，临近客户给的最后期限却无法按时交出成果。这样的情况我能帮上忙吗?

我的答案是:当然可以!尽管我当时正在休假,但我仍非常乐意与公司主管谈谈,共同制订行动计划。于是,我们两人针对如何应对以上状况进行了一次漫长且详尽的讨论,并达成了一些解决方案。谈话结束后,主管斗志满满,要求我在一周内提供一份完整的方案,并计划在三周内开始与我一同实施。我这次的答复是:"当然没问题!"在熬了几次夜后,我赶在最后期限前提交了这份方案。

然后——就没有然后了。这件事没了后续,我再没收到那位主管的任何信息。后来我遇到了其他几位顾问,他们也有过相似的经历。这位主管先是十分热情地邀请他们交流,拿到了承诺的方案后便杳无音信。我有理由猜测,这位主管对所有的团队都如出一辙,丝毫不尊重他人的时间和劳动成果。

"显性重视"听起来容易,真正在职场中落实却很困难。有不少文章都在探讨如何在企业中做到尊重他人,例如,建立一些行为准则提醒人们在电梯里相互问候。但如何在电子邮件、即时通信和电话会议中体现对别人的尊重呢?这些数字沟通方式固有的距离感让人们更容易觉得自己不被尊重,即使在面对面会议中仍是如此。

我永远不会忘记与米歇尔(Michelle)的那次会面。她是一位大公司的高级主管,我前后共发出5封电子邮件,跟进两次,最后与她的助理通话确认预约,才敲定了会面时间。会面当天,我准时到达了见面地点。等了近10分钟后,米歇尔才走进房间。在和我打完招呼后,她便马上说:"你选了个最糟糕的会议时间。我待会有一个非常重要的报告要做。"我当场建议另定会议时间,但米歇尔决定请同事代为参加与我的会议,而她则坐在那里,把注意力全放在手机上,为她的报告做准备。

整个场面异乎寻常。米歇尔就坐在会议室,却专注于手机屏幕,这比她直接托词离开,让同事来见我更加糟糕,我深深地感受到自己不被尊重。我不禁想起了吉姆——一位我差点错失的好员工。这种不被尊重的感觉会一直伴随着你,如此一来,我又怎么可能将米歇尔推荐给其他人呢?谁知道她在这些年因为待人不周而错过了多少大好机会?

要规避的常见问题

- **行事匆忙**。未经检查就发送信息。为了参加下一场会议而试图快速结束本次电话会议。声称自己"太忙",无法与团队沟通确认。
- **不尊重他人的时间**。同时预约多个会议。在安排日程时优先考虑自己。长时间召开电话会议。把并不紧急的电子邮件贴上"紧急"标签发送出去。在日程表上安排一些无用的重复性会议。

- **忘记表达感激之情**。养成了只进行书面沟通的习惯，而不在电话或视频会议中向团队说出"谢谢"。发送含义模糊的电子邮件。在任务结束时，不对团队成员提出表扬。
- **在面对面会议或视频会议中处理其他工作**。经常在会议中说"我只是简单回复一下信息，很快"这样的话，或者用计算机回复电子邮件和即时信息。当别人试图与你进行眼神交流时，你却低头看手机。进行重要谈话时，未将通知提醒调到静音或振动模式。

在数字世界里，我们似乎有太多的选择，这些选择都有可能会招致"灾难"。我们应该在什么时候发送电子邮件？什么时候发短信？什么时候打电话？我们应该等待多久再回复信息？什么时候是表达感谢或道歉的正确时间？回复过早，可能显得自己考虑不周或缺乏诚意；回复太晚，又可能令人感到不近人情。数字沟通中的感谢和道歉又是否与面对面或通过电话传达的谢意和歉意具有同等的分量？

如今，我们不能再做出"对方理解我们的意思"这种假定，而是需要知道他们是否能感受到我们的显性重视。

显性重视的多项原则

我们很可能会永远处于数字通信时代，参与更多的远程工作，拥有更扁平化的团队，这就需要我们能适应更快的变化速度。所以，了解显性重视的原则比以往任何时候都更重要。

当下的用心倾听就是要仔细阅读

你或许已经意识到，虽然我们曾经坐在办公桌前或顺着电话线交谈、共享信息，但当下我们更多是用打字的方式来进行交谈。别人分享自己的观点时，我们不再用耳朵去听，而是用眼睛去看。语言学家内奥米·巴伦（Naomi Baron）研究认为，我们阅读屏幕时理解的东西比阅读印刷品时少。[3]我们倾向于用屏幕进行多任务处理，在屏幕上阅读时花的时间更少，相较于缓慢仔细地阅读，我们更习惯略读和搜索信息。[4]

举个例子，这是我与一位客户的电子邮件对话：

> 我们周三还是周四谈谈？

> 好的。

我哑口无言。即使到现在我还是无言以对！

* * *

在与他人的交流中一定要涉及细节。这样

表明你花了时间认真阅读信息，思考问题所在，关心他人所做的工作。

* * *

我们线上阅读的情况之所以这么糟糕，是因为我们在阅读信息时通常一目十行，不花时间仔细阅读信息，而是快速浏览，就像在朝着飘忽不定的终点线争分夺秒一样（而且这个终点线每天早上都会重置）。而我们对速度的追求导致了如上对话，这样的数字沟通毫无效率。

但我们真有自己想的那么忙吗？在巴伦看来，我们其实并没有这么忙。我们阅读的速度，以及我们因速度产生的焦虑都是人为的，这不仅会降低言语准确性和清晰度，还不尊重他人。不过，即使你真的很忙，无法立即回复信息，也可以通过一些方法不放他人鸽子。例如，你可以发一条简短的短信（如：收到！）以示尊重，这样对方就知道你收到了短信或邮件，并且正在处理。你也可以告诉他们大概在什么时候给出详细的回复。归根结底，你需要对所有问题做出答复，才能表明你的确认真阅读了对方的信息。如有不便，让同事知道你会稍后详细作答，如此一来，他们便知道你没有忽略这条信息中的具体事项。

如何在数字沟通中表明自己在认真倾听

- 及时回复信息，哪怕只是说你稍后再详细回复。

- 回复信息中的所有问题和意见，而不是只回复一部分。
- 询问对方"我能给你打电话吗"或针对更复杂的问题安排面对面的会谈。
- 不插话，而且要阻止他人插话。
- 使用口头提示，比如"请讲"或"我在听"，鼓励他人在视频通话中分享自己的想法。
- 不要拿静音键当作多任务处理的挡箭牌。
- 提问要清楚。
- 做笔记，并在通话结束后分享笔记。
- 视频通话期间，让同事有时间在聊天框中分享想法。

当下的同理心就是要表述清晰

表述得当，尤其是表述清晰，是尊重他人的重要标志。句号。（不，我没有生你的气。）

一家制药公司的首席营销官正与团队沟通，为董事会会议准备演示文稿。她用电子邮件分享了一个不成熟的想法："我们是否应该在演示文稿中多加入一些关于肿瘤学的研究？"在她脑海中，她确信自己是这么说的："我们在这张演示文稿上再添加两个要点吧……"可惜，她的大脑骗了她。两周后，团队花了30多小时准备了40张关于肿瘤学研究的演示文稿，而这位首席营销官却不知道这些演示文稿的存在，她早已将自己提出的两个要点抛之脑后。但她的团队已经习惯了全面回应她的要求，他们很少提出问题。当40张演示文稿变成一张演示文稿上的两个要点时，他们感觉辛勤的付出被贬低了。

记住这条底线：如果你是老板，必须警惕"自言自语"，并且将之与真正的发布指令区分开。如果你是接收信息的那一方，不要怕事先提问。与产出糟糕的工作成果相比，把问题弄清楚并不令人尴尬，还能节约时间。

* * *

表述时从细微处着手。注意自己的语气，想想基于你的身份，你的信息会被别人如何解读。

* * *

大多情况下，一封被错误解读的邮件往往漏写了某个单词或使用了错误的标点符号。解决办法很简单：检查电子邮件！检查既是一种习惯，也是一种技能，能帮助你写出既干净又清楚的文本，人们也将更认真地对待你的信息。

* * *

一通电话胜过上千封电子邮件。

* * *

一位德国客户告诉我："我与一位法国同事和一位印度同事来来回回发了很多封电子邮件，他们一遍又一遍地把相同的内容发给我，可我们根本没有理解彼此的意思。后来我和他们打了一通电话，用不同的方式问了几个问题,很快就找到了问题的根源。有时候,我们毫无头绪,都在猜测对方邮件中的意思。"

电话沟通很有效,但它在慢慢过时。太糟糕了!电话不仅可以节省大量时间,还能更好地传达信息。(承认吧!我们无法用数字方式传达一切!)

如果你刚刚收到一条含糊不清且令人困惑的短信或电子邮件,不要怕进行电话交谈,有条件还可以进行视频会议或当面会谈。如果这是一个敏感的话题,可以先询问对方是否方便打一通简短的电话,这能表明自己在提出这个要求前经过了深思熟虑。在回答他人问题之前稍作等待并不代表优柔寡断,反而是在向对方表明,自己是在认真地倾听和对待这项工作。

我们有太多文字沟通平台可供使用,在电子邮件或群聊中提出过多的问题。而电话、视频或面对面会议让我们能够提出更合理的问题,避免收件箱中塞满一个又一个小小的疑问。

在项目的开始阶段,提出开放式的问题比提问细节更有帮助。曾有一位领导告诉我:"这有助于我了解对方是否理解了我说的话。"尝试使用"你觉得什么样的项目算是成功"或"你认为下一步应该怎么做"诸如此类的提问,它们能够切断一连串电子邮件,确保团队中的每个人都清楚项目目标和各自的角色。

显性重视如何起效

学会认可他人

缺乏尊重会让小细节变成大问题。请看如下例子：

我曾经和4位同事一起打了近30分钟电话，我永远也不会忘记那场经历，在通话进行了快26分钟时，主持人才问："大家有什么想法吗？"他在此之前的大部分时间都在说教，几乎没怎么给这4位主题专家开口的机会！他不仅给人留下粗鲁、以自我为中心的印象（好吧，他也的确为人粗鲁、凡事以自我为中心），还不允许其他人说话，简直是在班门弄斧，自欺欺人。

我主持线上会议时通常会请远程与会者主持部分议程。这样不仅可以让他们感到被人重视，还让大家有机会了解彼此叫什么、长什么样子、演讲风格是怎样的。通常情况下，我会把别人在会议前一两天发来的信息粗读一遍，再来安排讨论。开展网络直播研讨会期间（我和一部分与会者线下开会，其他人则在网上观看），在问答环节我会先请线上参与者提问，以此提醒线下与会者屏幕对面也有人在共同参与研讨。

任何人都可以通过创造新的规范和仪式，来确保公司文化中包含认可和尊重。

例如，青年企业家协会（Young Entrepreneur Council）的首席执行官斯科特·戈伯（Scott Gerber）就会录短视频来表达自己的感谢。[5]

一位姓徐的中国高管每月与公司所有分支机构的员工举行60分钟的视频会议，向员工汇报最新的业务情况。团队成员也利用视频会议分享他们的成功故事。大多数时候，视频会议都是以新与会者的自我简介或给当月过生日的人庆祝开始。6个月过去，徐先生从中受益颇多。他感叹道："员工知道自己在各个层面的表现后，他们各司其职，在工作上更加投入，变得更有参与意识。"

　　非营利性组织"有所作为"的总经理阿里亚·芬格（Aria Finger）在奖励员工方面有一套自己的方法，虽然表彰的次数少，奖品也很简单，却让人印象深刻。凡是在这里工作满3个月的员工，都可以拥有"Slack上的专属表情符号"，公司还会在嘉奖仪式上奖励出色的成员。[6] "有所作为"已被《克莱恩商业周刊》（*Crain's*）评为最佳工作场所之一，并且在同行中具有很高的员工保持率[①]。[7]

　　我认识的另一位高管手下有1000多名员工。他会在每位员工生日当天打电话祝贺，并感谢他们的辛勤工作。尽管听起来很吓人，但效果非常不错。

　　《人格与社会心理学杂志》发表了一项研究，有两封请求帮忙写求职信的电子邮件，一封中写了"非常感谢！"另一封不含致谢。一半的受试者会收到带有"非常感谢！"

---

① 员工保持率是通过确定当期离职人员数占全体员工数的百分比来反映企业人力资源的流失状况，既可为企业的招募提供指导性的意见，也可通过查找企业人力资源流失的原因，改善现有的人力资源管理措施。

字样的电子邮件,另一半人会收到内容相同,但没有"感谢"字样的那封。研究表明,收到第一封邮件的人提供帮助的可能性要高1倍以上。[8]

以上都是很好的例子,说明了我们如何通过数字肢体语言来表示认可。对他人表达感激和尊重不必花里胡哨或多么正式,也不需要花费很多时间。只需多输入四个字"非常感谢",交流的结果便会大不一样。

承认个体差异

我的客户丽莎(Lisa)是一位科技公司高管,她和我分享过她是如何处理团队中性格内向者和性格外向者的需求的。她告诉我:"虽然我与团队定期会面,但依旧很难区分其中的性格内向者和性格外向者。现在我发现,在电话或快速的电子邮件交流中,性格外向的人主导着谈话,性格内向的人则不会插话。"丽莎还发现,整个团队都不会在电话会议上说出遇到的困难,因为他们担心这会不尊重她,好像他们故意对其他人"落井下石"一样。

为了解决这个问题,丽莎在每个月的策略电话会议之后新增了一个流程。她要求每位团队成员在周末之前直接给她发邮件,回答两个问题:"我不想听到的坏消息有哪些?上次讨论中我们遗漏了什么问题?"她这样做有如下原因:

首先，询问坏消息为讨论业务难题开辟了空间；其次，丽莎团队中的性格内向者需要更多的时间来整理思路，他们更愿意在电子邮件或一对一的谈话中发表看法。通过给团队成员更多的交流空间，丽莎得到了未在会议上听过的优秀见解，同时也减少了团队的趋同思维，也了解到团队成员交谈的不同喜好，她会选择令团队成员感觉舒适的方式与他们交谈——可能是在会后一对一的电话交流中，也可能是在几个人的午餐会上。总之，要让每个人都感觉自己备受尊重。

如何与性格内向的人沟通交流

- 在长时间会议之间安排休息时间。
- 发言前先等5秒钟。
- 在会议前几天提出问题，让他们有时间准备。
- 鼓励性格内向的人在会议结束后将自己的想法通过电子邮件或即时信息发送给你。
- 设定一个发言时间，如此一来，性格外向的人就不会主导整个谈话。
- 不要打断性格内向的人讲话。使用举手之类的方法来指定谁可以发言，选定一名主持人保证这项工作顺利进行。

如何与性格外向的人沟通交流

- 定期举办面对面或视频会议，方便讨论问题。
- 利用分组讨论的方式，让他们当时就有机会说出自己的想法。
- 不论是在线上还是线下开会，都给与会者预留一定的休息时间，让他们在工作间隙通过社交互动来给自己充电。

以下是特殊情况。休（Sue）是一家上市时装公司的授权主管。每个季度，她都会与首席财务官道格（Doug）会面审查团队的预算。她的员工每年都有4次的审查任务，需要花费大量的时间对复杂预算的每一方面做出规划和记录。虽然休和她的团队成员相互尊重，但在工作中总是会出现类似的问题。

这个问题就是，道格更喜欢单独和休讨论预算。毋庸置疑，这点让休的团队成员感到被排除在共同努力完成的项目之外。更糟糕的是，团队的工作从未得到其他人任何认可，也从未有人对随后的预算变化做出任何相关解释。休最终发现这些问题时，采取了几个简单的处理办法。首先，她确保每个人的名字都出现在最后的工作汇报演示文稿中，标明各自的贡献。在与道格的每次季度预算会议之后，她会立即安排一场1小时的团队会议。会议期间，她会回顾道格的意见和反馈。除此之外，她还给这位首席财务官写一封跟进的电子邮件，对团队每个人的努力表示认同，并提及了每个人对工作所做的贡献。当然，她也将邮件抄送给了团队成员，让他们看到她的赞扬。

在如今竞争日益激烈的工作环境中，工作快节奏和新的办公技术使人际关系变得更糟，而尊重他人、重视个体价值却能让一切变得不同。

做一名会议忍者

显性重视需要你"盯着时间"——我指的就是字面上的意思。对有些人来说，这似乎有点夸张，但我发现，如果你不尊重别人花费在电话、视频或面对面会议上的时间，就会间接传达出你根本不重视他们的信息。

以乔纳森（Jonathan）为例，他在一场电话会议前夕接到邀请。由于受邀太晚，他在讨论开始之前就感到自己被忽视了。更糟糕的是，没有人告诉他这场会议的目的。会议开始后，他很快发现其他人也不清楚他们为何参加这场会议、还有谁会继续加入会议、会议将持续多久，也不知道为什么不能通过电子邮件交流正在讨论的内容。

会议进行 5 分钟后，乔纳森打断了主持人的谈话。他说："请原谅我打断您，但在我们深入讨论之前，您能说下这次会议旨在达到什么目的，具体的会议议程是什么吗？能不能再用 10 秒钟介绍一下本次的参会人员？"很快，目标便明确了。每个人都清楚地知道他们应该为这场会议提供什么,以及接下来会发生什么。

领导者怎样才能举办一场尊重团队成员的会议呢?

首先,设计会议时要有明确的议程和计划,并在会议结束时提供明确的行动步骤。这既能体现对同事时间的尊重,同时也传达了你的责任感。会议开场白可以是:"对于这次会议来说,我们要达到的目的是……"会议结束时,可以回顾一下是否达到了会议目的,或者列出有何不足。

然后,在每次会议开始时,留出 5 分钟时间让与会人员做个简短的介绍,让每个人分享其在个人或工作上的最新进展。这样便能找出不足、熟悉情况、增强信任,并让每个与会者了解其他同事来自哪里。在会议召开前 24 小时,给与会者分发一份议程,鼓励不同的成员主持会议的一部分。在会期间时不时地征求意见,不要等到最后才想起这件事,让每个人都参与进来。如果你在打电话,也不要"静音"会议,这样就能减少令人尴尬的停顿,避免进行多任务处理。

根据他人的时间安排,在适当的时间把他们移出会议。例如,当一位财富 500 强公司的首席数字官不再需要某位高级领导人的意见时,会将他从定期的会议邀请列表中删除。

简而言之,我们都很重视自己的时间,尊重他人的时间会对人们整体的幸福感和工作投入程度产生巨大的影响。

如何让会议对每个人而言都更有价值

- 保证每个人都能回答"我为什么要参加这次会议或对话"。
- 用最短的时间安排会议。铭记帕金森定律①：工作会不断膨胀，直到填满所有的时间。
- 按时开始并结束会议。
- 在会议前发出一份明确的议程或确定会议目标。
- 每周设定1小时的"虚拟办公时间"，通过线上沟通，处理不需要为此集中开会的一些小问题。
- 定期审核会议，取消无意义的周期会议。
- 不要创建有超过8名与会者的会议，除非是更广泛的团队战略会议、市政厅或部门范围的汇报会。
- 如果您邀请了一些高层领导参加会议，请事先确定他们能否按时出席，如果高层领导不能出席，是否需要委托代理人参加。

停止多任务处理

现在是周三下午4点15分，我一边在一个网页窗口上回复邮件，一边在另一个网页窗口中提前购买圣诞礼物，同时还在手机上挑选晚上的用餐地点。就在我快选好

---

① 帕金森定律（Parkinson's Law）指在行政管理中，行政机构会像金字塔一样不断增多，行政人员会不断膨胀，每个人都很忙，但组织效率越来越低下。它被称为二十世纪西方文化三大发现之一，源于英国著名历史学家诺斯古德·帕金森1958年出版的《帕金森定律》一书的标题。

圣诞礼物时,一个声音把我拉回了现实。

"埃丽卡,你觉得怎么样?埃丽卡……埃丽卡?埃丽卡!"

没错。我正在参加一个电话会议。我回答道:"对不起,我开了静音。"其实我根本没有开静音,只是把心思放在了其他事情上。大家刚才在谈论什么,商业计划吗?我脱口而出:"是的,我很同意刚才那句话。"然后迅速关闭了打开的 6 个浏览器窗口,深吸一口气。大家是不是已经知道我没在听了?"哦,那就好,这是个好消息,"有人说,"谢谢你,埃丽卡。"我勉强得救了。

人人都有弱点,而我的弱点就是浏览器窗口和静音按钮。众所周知,人们很容易在电话沟通或电话会议期间同时处理多项任务。当意识到这会让我无法认真倾听他人的谈话时,我很内疚。但我的情况并非个例,一项研究发现,大约 65% 的受访者承认在参加电话会议时还在做其他事情。[9]

这就是为什么我决定在所有团队通话中禁止使用静音工具。我还试图设计一些直奔主题、引人入胜的会议,这样与会者就不会轻易地走神了。

我曾经在一家制药公司做过一场研讨会,在座的总共 30 人。所有的观众都很投入,除了后排的一位女士,她目不转睛地盯着手机。即使我站在离她三英尺(不足一米)的地方,她还是一动不动。这不仅让我心烦意乱,甚至还分散了其他观众的注意力。而且,她还是现场资历最老的一位与会者。我们都曾做过这种事,那么,我们就需要意识到像这样的多任务处理的危害,并了解它是如何分散我们的注意力的。

归根结底,"显性重视"的目标非常简单——让人们在工作中感受到被他人重视。使用本章中的技巧可以让你在数字沟通时有意识地重视自己的团队。使用如下评估方法来分析你的团队中是否存在"显性重视"。在每句话右边的方框里打钩。"非常同意"下方出现的钩越多,你团队中"显性重视"的程度就越高。

	非常同意	基本同意	部分不同意	完全不同意
工作出色会得到组织的认可和奖励				
你的专业知识和技能得到了充分重视与展示				
你付出的时间受到尊重				
你不会过度工作或疲惫不堪				

获取完整表格,请访问 ericadhawan.com/digitalbodylanguage

第五章
细心沟通
打字之前要三思

我们发送信息来交流,清楚地表明我们的需求,努力做到**细心沟通**,从而消除团队之间的误解。

作为一个印度移民家庭中年龄最小的孩子,我虽然轻轻松松就学会了英语基本语法,但是我仍然缺乏同龄人与生俱来的语感。记得有一次,我邀请一位中学朋友在当地的餐厅参加我的家庭聚会。当时我朋友小声跟我说,服务员认为我们这群人很"无礼"。这不是因为谁说了什么不妥的话,而是因为我们说话的音调和节奏。在印度英语中,当人们想要某个东西时,他们会降低语调,这样听起来像在陈述某事,而非询问。大多数美国人则习惯用升调发出请求。那时,我才完全明白了朋友的意思:我们一家人没有意识到这一点，每个人都表现得像是老板在命令员工一样！

在面对面沟通时，人们在不经意之间使用了大量的"语境化"暗示，他人可以借此猜测话语背后的含义。比如，说"我喜欢那部电影"时点点头，和说"我喜欢那部电影"时翻白眼或眨眨眼所表达的意思就完全不同。

正如我之前提到的，我们都是数字职场的"移民"，也就是说，细微的暗示可以帮助我们理解他人真正想说的话，而要做到这一点，就需要时间和耐心，甚至需要思考反省。

拿 Docstoc 的故事来说吧，Docstoc 是 2007 年发布的一个在线文件共享平台。产品发布的第一天就吸引了 30000 个独立用户。[1] 公司首席技术官阿隆·施瓦茨（Alon Shwartz）认为这值得庆祝。30000 个独立用户啊！但是，当他与公司的首席执行官詹森·纳扎尔（Jason Nazar）分享这一消息时，他的热情很快被浇灭了。他们的对话如下：

施瓦茨：我们有 30000 个用户。太棒了！

纳扎尔：我们只有 30000 个用户？太可怕了！

施瓦茨的成功在纳扎尔眼中却是失败，尽管他们在同一项目中合作！年长的读者们无疑会想起 1977 年的电影《安妮·霍尔》（*Annie Hall*）中的场景，治疗师问主角艾维·辛格

（Alvy Singer），他和女朋友多久同房一次。他回答："几乎没有，可能一周3次吧！"但把同样的问题抛给他的女朋友安妮，她却回答："经常，一周3次。"

最后，施瓦茨和纳扎尔意识到，他们从来没有花时间去定义什么是成功。"如果你们没有先定义成功，你们就没法进行相互验证，那你们又如何知道什么时候才会成功呢？"他继续说，"要实现一个定义不明确的目标很难。"[2]

这样的故事非常普遍。比如"我们部门没有共同语言""没有人知道我们部门由谁负责"，最后大大小小的抱怨都归结于一个主要的绊脚石：没有人在细心沟通。

80%的项目都不够清晰且缺乏细节。[3]一项调查显示，56%的战略性项目失败的原因都是缺乏细心沟通。[4]在美国，缺乏细心沟通造成的损失巨大，公司每花费10亿美元，就会有7500万美元的损失。[5]

当我和客户赛琳娜（Selena）见面时，她几乎智穷力竭。她是设计团队中的经理，忙着和一个横跨美国东部海岸地区的团队建立关系。可她和其中一个高级设计师一直存在冲突，她认为设计师的第二轮绘图太草率，不够完整。赛琳娜回复："这个不错，但还是需要修改。"她随后附上了一张自认为有用的修改清单。设计师回复："好的，我马上进行修改。"但是，当收到修改后的绘图时，赛琳娜发现自己要求修改的地方毫无变动，于是她打电话给设计师要求他做修改。设计师很生气："一开始你告诉我这个不错,而现在你却严厉批评我?"

由于没有眼神、语气语调、肢体语言这样的线索来阐明赛琳娜的意图,设计师把"这个不错"理解成了直接的反馈。然而这其实是一个含蓄的警告。赛琳娜提出的修改建议同样如此,这些建议被设计师理解为可供选择的建议,所以他选择了忽视。最后,赛琳娜觉得是设计师没有听进去,而设计师则认为是赛琳娜突然改变了主意。

我向赛琳娜温和地解释,问题在于她。她希望与同事自然沟通本来是出于好意,但是在数字时代,这种做法需要改变。如果她想要在新的领导角色中取得成功,就需要把话说得更加清楚。她并不是缺少与人沟通的技巧,她也一直在尽一切可能与经理们、员工们沟通,但她需要调整自己的数字肢体语言。

好消息是什么呢?赛琳娜意识到,有时候清晰胜于礼貌,并且这会帮助她的同事成长。她改变了回复信息的风格,变得更加直接,甚至在反馈中加上一张清单,上面包含了带有标记的明确要求。很快,设计师修改的图就达到了她想要的效果。

曾经,人们通过解读他人的肢体语言,比如诧异的表情、吃惊的瞪视、淡淡的微笑等,就能明白他人真正想表达的意思。这在现实生活中仍然可行,只是在数字世界中行不通了。当你无法判断人们是否在看摄像头,无法看清视频参会者的表情时,就会产生疏离感。如今,我们沟通中可能出现各种误解，每个人都有责任考虑这一点，并相应地调整沟通的风格和语调。

细心沟通就是释放明确的信号，让每个人都完全了解情况并行动一致。这并不是说让每个人都同意你的观点——这种情况几乎不会发生，但可以让大家理解目标所在。当团队成员在目标上保持一致时，这种相互理解会让每个人专注于把自己的事情做到最好。

* * *

> 细心沟通就是直入主题，同时考虑语境、沟通媒介和受众的实际情况。

* * *

如今，大多数公司的工作节奏变得很快，这让细心沟通变得更难。过去，公司领导会花数月时间制订一份战略联合的宏伟愿景，然后开展面对面的会议，与投资人、业务部门和客户细心沟通。现在，领导者只想快速传播信息。

这意味着人们期待使用项目符号来呈现他们的观点，使用标题列表来支撑这些观点。未读邮件、即时信息、短信和日历这些媒介所带来的普遍混乱让我们大多数人渴望一个更简单、更轻松的时代，比如打电话、去办公室会谈以及和客户共进晚餐不受打扰。那时候，一天过去了，我们才回复一封语音邮件。在如今这个高速发展的世界，做到细心沟通需要一种更加具体可行的方法。

细心沟通的多项原则

在大多数时间里,我们习惯用大拇指在手机上打字沟通,我们也就需要新的打字法则帮助我们更加清晰、更有说服力地沟通。

打字之前要三思

那是星期天的晚上8点,我已经疲惫不堪,然而周一上午还要开会、出差,所以我还得再发几封邮件才能休息,我起草了一封发给客户凯蒂的邮件,其中包括给她目前团队遇到的挑战提出具体的指导意见,我还附上了一份晚些时候我会共享给他们的演示文稿的初稿。邮件看上去不错:邮件写得清楚,有加粗的标题、项目符号和斜体字。我在发送栏打上凯蒂的名字,当她的邮件地址出现在收件人列表时,我就点击发送键,搞定了。

两秒钟之后,我的欣慰变成了恐慌。我把邮件发给了另一家公司的另一个凯蒂。这个"凯蒂"是一个潜在的业务伙伴,她是我希望将来某一天合作的人。我感到非常尴尬,在她看来这肯定是极其愚蠢的事情。如果我花点时间思考清楚,更加细心地沟通,就会避免这件事情发生了。

这样的事情似乎总在发生。一旦我们点击发送键,我们就对话语失去了控制权。我们给熟人发送的一封私人邮件,可能过一会儿就出现在他的Facebook公开页面的帖子里。在复制、转发、更改和更新信息时，还有在将这些内容翻译成其他语言时（翻译还并不一定正确），都会歪曲它原本的意思。我们可能都不知道，我们领导的领导是客户邮件中的密送人。

这一切都说明了一件事：我们需要非常细心。

一位我认识的前制造主管给同事发送了一封包含12个段落的电子邮件，内容是对未来可能会收购的项目提出善意的警告。在他不知情的状况下，这封长邮件中的两个词被（脱离语境地）复制转发了。信息一下子在公司内部传开了：预计裁员。

一位医院行政人员经历过"回复所有人"引发的混乱，以及随之而来的尴尬和痛苦。记得当时她误给医院的全体员工发了封邮件，内容关于一项颇有争议的最新政策。尽管她尽了最大的努力，试图重新控制事态，但在接下来一周的时间里，她回复了大约800名员工的反馈意见。

我们快节奏的文化意味着在按下发送键之前，我们没有花费足够的时间去思考或修改我们输入的文字。但是如今，在我们发送邮件之前，必须重新阅读邮件（而不是在发送后再读10遍）。有多少次，别人对你说："我给你发了邮件。"或："难道你没有收到邮件吗？""我确定在邮件中已经说了那件事。"而你仔仔细细地将邮件读了一遍又一遍，需要的信息就是不在。

细心沟通的第一条法则是什么？放慢节奏。

尝试一下这份"打字之前要三思"的检查清单

- 这条信息需要包括什么人？
- 我想要收件人读完这条信息之后做什么？
- 他们需要什么样的语境和提示信息？
- 用什么语调比较合适？
- 什么时候是发送信息的最佳时间？
- 如果这条信息被截屏、转发或共享，我会作何感想？我如何才能改变这样的局面？我需要打电话来挽救吗？还是开个面对面的会议？

如果你不放慢节奏，就可能遇到以下这些常见的情形。罗兹（Roz）给她的同事乔恩（Jon）发了一封邮件：

> 你好，乔恩，这周末的滑雪之旅如何？你可以在周五把你们小组的销售报告发给我吗？我需要为团队准备一份销售报告。还有，账目中有没有未报的数据？非常感谢你的配合！——罗兹

几秒钟之后，乔恩用短信回复了罗兹：

> 好的，我 2 月份完成了 45.7 万美元的销售业绩！

乔恩渴望取悦他人，他对这条回复感觉良好（事实是，他事后根本没有去思考这件事）。他认为自己帮罗兹解急，现在他可以进行下一个议程了，这简直是双赢。然而，罗兹很生气，理由有几点：首先，她需要的是一份完整的销售报告；其次，乔恩没有回答她的问题；再次，罗兹发送了一封邮件，可乔恩用短信回复她，为什么？最后，乔恩跳过了客套话，甚至没有对罗兹友好的问候表示感谢（讽刺的是，如果乔恩花费了很长时间才回复，罗兹也会恼火）。

人们很容易认为，在打字之前不假思索是年轻人的通病，因为对所谓的"数字原生代"来说，这一现象十分普遍。但是我的研究表明，各个年龄段、各级岗位中都有对数字肢体语言使用不当的人，包括（尤其是）高管们，他们负责沟通的信息太多了，大多数人只追求速度，不追求表达清晰，结果就导致团队之间容易产生困惑。

乔（Joe）是我之前的一位客户，他的团队在工作投入度上得分较低。我们探寻原因，发现他的团队成员大都表示不堪重负。他们经常晚上工作到深夜，周末加班。乔因为两件事感到内疚：他没有给团队的沟通设定时间界限，同时他在一天的各个时段随时发邮件。这样一来，他的团队成员需要在 24 小时都保持联系。

因此，他尝试做一些改变。现在，团队成员都知道乔会在每个周末的下午撰写和回复邮件，但是大家可以等到周一上午再回复他。乔甚至自创了一个新的首字母缩略词"周一回复"(ROM)。这样一来,他也不需要随时发送邮件(也不会产生忘记发邮件的问题),同时他的团队成员也能享受周末。

要善于分辨语调,不要对它视而不见

语调是一篇书面文字的整体态度和特点,是细心沟通的另一个重要组成部分。问问自己:谁是收件人?谁是受众?这里的语境是什么?然后相应地调整你的沟通方式,正如我告诫客户的,确保你们能够"察言观色"。

当然,这意味着你要预测他人如何理解你说的话。比如,当你一开始给老板或同事写邮件、发短信、打电话时,最好保持语调中立,直到你和他们关系融洽,那就可以改变语调了:专注于让说话内容变得丰富、有说服力;不断打磨语言,牢牢抓住重要的事实。

面对面交谈时,高声调可以表示强调(这点很重要!),或者表达一种极端的情绪(我很生气!)。轻柔的声音则表示"我不知道",情绪平静,抑或表明是时候让其他人说话了。而在数字沟通中,你也可以调整自己的"语调"。

看看这封邮件信息:"**不过关,还需要下功夫!!!**"听起来像天神宙斯在命令一个小神做一件白费劲的工作——加粗字体、简短句子,还有一排令人崩溃的感叹号。如果有人尝试给你压力，那么他的目的达到了。但是如果那个人想用这样的方式表达尊重，那就糟透了！

此外，你还要注意邮件信息的视觉效果。

伊森（Ethan）是我指导的一位经理，他告诉我，他在与一位高管交流的过程中，感觉自己被轻视了。他按照要求给这位高管发了一份有关提升工作效率的详细计划，这份计划阐述了一种不同的工作方式，伊森确信，这个方式不仅可以帮助团队避免重复努力，还可以实现更高的工作透明度。伊森对这份计划感到非常满意，计划甚至列出了在下次团队会议上探讨的具体问题。他期待得到积极的回复，以及一些跟进的问题，可他从这个高管那里得到的回复是"k"。

抱歉，这是什么意思？"k"指什么？韩国流行音乐（K-pop）？伊森感到困惑的同时还觉得自己被侮辱了。他的提议既清晰又全面，难道不应该得到同样清晰全面的回复吗？这位高管是在考虑伊森的计划，还是她直接拒绝了？"k"是告诉他同意进行的意思吗？还是委婉地告诉他把这愚蠢的想法收起来？伊森根本不可能知道答案。这位高管完全没有考虑伊森的感受，她甚至嫌麻烦不愿多写一个字母，甚至像"好的，我一会儿回复你"这种乏味的回复，都可以比一个"k"传递出更多的尊重和关注。

如何写出人们可以真正理解的信息？

- 用"3W"分配邮件的任务。每条信息都应该有清晰的对象Who（具体到某个人的名字，而不是群组名）；清晰的事情What（明确描述）；清晰的时间When（具体时间和日期，4h表示距离截止时间还有4小时，2d表示距离截止日期还有2天）。

- 如果是一封仅供参考的邮件、一个决策请求或一个信息请求，请在邮件主题行和信息的第一句话中具体说明。

- 建立清晰的缩略词体系。如：NNTR（No Need To Respond）表示不需要回复，WINFY（What I Need Frow You）表示我需要从你这里得到什么。

- 写好邮件主题。总结邮件的主体部分，使用前缀修饰词，保持同一主题行，除非主题发生变化。如果主题发生变化，那就重新写一封带有新主题的新邮件。

- 将较长的信息分成两个部分。分别标记为"快速摘要"和"详细说明"。首先你要知道自己真正想要的是什么，然后在邮件的开头就直奔主题。

- 让你的信息便于浏览。使用项目符号、副标题、空格、亮色突出和加粗文本。

- 附上屏幕截图展示，而不是逐一陈述。当你需要给某人指导或强调演示文稿时，这些截图会变得非常有价值。
- 使用"如果……那么"的陈述句,增强责任感、建立期待,并提供明确的下一步计划。
- 呈现多种选择,比如问"你认为我们应该做 A、B、C 哪个?"不要尝试提出开放性问题,比如"你觉得这个如何?"或"你有没有什么想法?"

除了不利于团队讨论,不当的语调甚至差点儿毁掉一个品牌。2017 年 4 月的第一周,对于美国联合航空公司的首席执行官奥斯卡·穆诺兹(Oscar Munoz)来说,公司开局不顺,并且迅速演变成一场灾难。起因是一条视频在网上广泛传播,视频画面显示安保人员将美联航的一名乘客赶下座位,并拽到飞机的过道上。这是为了缉拿一个恐怖分子吗?当然不是,这是美联航航班订票超额,用电脑随机抽中一名乘客让其离开,而该乘客——一名内科医生拒绝让出自己的座位,于是他被强行拖走。[6]

显然,该事件需要美联航及其首席执行官迅速做出回应。然而,美联航的推特只发出了一条不冷不热的道歉,表示这是因为超额预订了座位产生差错,字里行间没有提到这名乘客,这条推特遭到人们的一致嘲笑。6 小时之后,穆诺兹发布了个人公开道歉,人们普遍认为他的道歉没有说服力,对他人的感受充耳不闻。这条道歉的字里行间完全没有"我很抱歉,我们搞砸了。"的意思。

> 美联航
> @美联航
> 美联航首席执行官对联航快运3411航班的回应。
>
> 这是一起让我们美联航所有人都很不安的事件。我们会重新安置这些乘客，并对此表示抱歉。我们的团队正在密切与当局合作，并对发生的事情进行详细检讨。我们还会继续与这名乘客沟通，帮助他进一步解决问题。
>
> ——美联航首席执行官奥斯卡·穆诺兹
>
> 推特网客户端，得克萨斯州休斯敦，2017年4月10日上午11点27分
> 18.7万转发，17.6万引用，6.5万点赞

> L B Baer
> @lisalaca
>
> 简直是野蛮行为，太差劲了。@美联航 贪婪地超额预订#3411航班袭击乘客。我再也不会乘坐他们的航班了。
>
> 2017年4月10日晚上10点50分
> 1条评论 21次转发 49个点赞

> Pete Lucas
> @incredipete
>
> 我打算重新安排我所有的旅行，换成另一家航空公司。谢谢你@美联航。这是我见过最差劲的道歉。你们的首席执行官是个白痴。
>
> 2017年4月11日上午12点50分
> 9条评论 172次转发 702个点赞

　　虽然穆诺兹和美联航最后发表了道歉，但是损失依旧无法弥补。严格来说，穆诺兹亲自回应是正确之举。然而，他的语调有失偏颇，语言听起来空洞虚假，此外这条推特发得也太晚了。美联航没有处理好这次的公关危机，全世界人民对此表现出愤怒与嘲讽，导致美联航的股价下跌，一下子蒸发14亿美元。[7]

　　事情原本不会发展至此。2018年美国西南航空公司也遭遇了可怕的情况，在飞行途中，飞机引擎突然爆炸，摧毁了一扇机窗，导致一名乘客死亡。[8]该航班着陆时，西南航空公司快速做出回应。

　　首先，航空公司在多个社交网络上发布一条简短通知，汇报他们知道的所有情况。并在通知后面附上了一条链接，打开是西南航空公司发布的一份情感真挚的详细声明：

我们已确认这次意外导致一人死亡,我们对此深感难过。整个西南航空公司都非常痛心,我们对在这起悲剧事件中受到影响的乘客、员工及其家属和他们所爱的人致以最深切的、衷心的同情。[9]

因为航空公司掌握了更多的信息,他们及时把这些信息告诉外界,并附上了公司首席执行官加里·凯利(Gary Kelly)的一段视频。[10]西南航空网站的头条页面和推特头像在一夜之间从一个红黄蓝的心形标志变成一个灰色的心碎标志。所有其他的营销信息都被撤掉。显然,西南航空的公关团队考虑到更大范围的语境,从公众的角度看问题,从而找到了正确的语调应对危机。

你要知道何时改变沟通渠道

几年前,我在一家大型零售店负责一个工作坊。有人安排我和两位雇员一起工作,我叫他俩萨曼莎(Samantha)和托尼(Tony),虽然他们住在美国不同的州,需要通过邮件沟通,但是他们都同意组成"最佳合作搭档"。他们的工作主要是在公司各个部门中实践并强化我们在工作坊中讨论的各种沟通范式与策略。

如果萨曼莎和托尼都能是"最佳合作搭档",那我简直难以想象最后一名糟糕到什么程度。没过多久,他们就开始互相抱怨。萨曼莎说托尼是个自以为是、令人讨厌、自作聪明的家伙。我想尽量避免争吵，便告诉萨曼莎如何应对托尼这种独特的讽刺性幽默。同时，我也建议托尼，把嘲讽放在一边，清楚地表达自己的意思。

但是，我所做的努力似乎没有起到任何作用，两人之间的紧张关系进一步加剧。1个月后，萨曼莎受够了，她给托尼写了一封内容既强硬又带有攻击性的邮件，详细地叙述她有多么讨厌托尼的语调，那些讽刺的话语简直让她发疯，以及在她看来，为什么托尼没有认真地对待这份工作。最糟糕的是，她把这封邮件抄送给我，还在邮件最后加上了一句话：

埃丽卡，我想你也同意我的观点吧！

那一天可真不好过。我忙着来回收发邮件，感觉自己像个饱受委屈的幼儿园老师，忍不住尖叫："到此为止吧！"为了解决他们的问题，我组织了一场视频会议。

最后，萨曼莎和托尼选择了相互容忍，但仅此而已，不过足够勉强完成"最佳合作搭档"任期内的工作，我们再看看，这个问题的根本原因不是他们不能合作，而是他们需要改变沟通渠道，把邮件沟通变成定期视频电话沟通，这便能消除两人不同邮件风格引起的误会，同时用看得见的方式来传递彼此真实的情感和善意。

当然，也有些人从一开始就做了正确的选择。

一家名为Zapier的网络应用公司似乎找到了正确的沟通渠道，甚至推出一个指南，帮助其他公司找到正确的沟通渠道。[11] Zapier的全体员工都是在线工作，几乎所有事情都是通过打字交流。公司的每一个工作软件服务于不同的目标，由此模拟出一个平行的真实办公环境。

例如，Slack即时信息平台成了Zapier的虚拟办公室，也就是说，"如果你登录Slack，就表示你在工作"。[12] 在Slack上，公司员工建立了工作和非工作频道（信息链），主题包括市场营销、黑客攻击、职员闲聊等。这些分离的"房间"确保员工的信息可以被合适的受众看到，特别是在团队成员增加到十多人时，还能降低员工跨渠道重复沟通的可能性。[13] 每一个"房间"都有各自的工作原则，根据时间进行调整和更新，每间"房间"还有各自的管理员。此外，Zapier还利用Slack整合的软件工具来协助处理工作，比如Trello（一款团队协作软件）、GitHub（面向开源及私有软件项目的托管平台）和Google Docs（谷歌文档），每一个软件又服务于一个目标。最后，公司通过详细的规范，确定每款软件工具的使用时间和方法，让公司有组织地运行。

我们可以做的最有效的事情就是在不同文化间明确合适的沟通渠道和范式。你不需要一直使用同一个沟通渠道，但是要确保自己选择的是正确的渠道。在错误的时间选择错误的渠道会给工作带来一定的影响，降低别人对你的信任值，甚至给你贴上不够成熟或没有同理心的标签。

我告诉客户，想要选择合适的沟通渠道，了解其影响，首先需要关注三个指标：信息的长度、复杂度和熟悉度。

信息的长度、复杂度和熟悉度
长度

长度是三个因素中最容易把握的。我们大多数人都有这样的家庭成员和同事，他们会连续发送多条冗长短信，似乎不能把想法缩减成一两句话。如果你要给某人发送一条冗长的新信息（比如超过一个自然段），那么请发邮件，行行好吧！不要用即时信息这种渠道。请把字体加粗、给标题加下划线，如果可以的话，请将冗长的信息整理成附件，确保你的邮件能简洁地说明信息，以便收件人可以直接看清为什么这封邮件很重要。最后也是最重要的一点是：如果你的信息与沟通渠道不匹配，请找到一个更适合的渠道。

复杂度

复杂度比较难理解。一般来说，更宏大更宽泛的想法需要更多人的意见和更细致入微的思考。如果你准备表达一个复杂的观点，最好选择一种能够多层次展示细节且能够补充附加元素（照片、视频、提供反馈或评论）的渠道（包括演示文稿或博客）。

当然，我们也要关注到信息最后呈现出来的视觉效果。如果信息太长，会让人不知所措；如果包含了太多的粗体或下划线，会给人留下混乱的印象。虽然图像有助于说明信息并提高信任度，但是过多的图像常会分散收件人的注意力。

最后，还要注意发送复杂信息的时间。不要指望你的团队可以理解你在某个周五下午5点发出的长篇邮件，然后1小时内就能给你一个详细的回复。你也不应该等到最后1分钟发送复杂信息，可能会导致没有时间交换意见。面对这两种情况，最好的办法是邀请别人打电话或开一个面对面会议。

总之，选择的沟通渠道应匹配你想要传达的语调和信息。请记住，虽然我们生活在数字世界中，但不意味着数字沟通是唯一的沟通方式。

信息的复杂度	最佳使用渠道	理由
高	文章、博客，视觉化演示，视频电话	这些渠道可以建立较高的信任度。能够添加支撑性要素：照片、视频、反馈或评论等
中	电子邮件、电话和小组会议电话	这些渠道能够在一定语境下交换、讨论信息
低	短信、即时信息和群聊	语境较少，可以做到快速回复信息

熟悉度

熟悉度指的不仅是我们和收件人的熟悉度，还包括我们对信息的熟悉度。如果你和某人关系密切，给他发短信可能无伤大雅。但职场中，大多数人更喜欢通过邮件沟通，邮件可以让他们快速浏览标题，并决定什么时候查阅信息或者是否要打开邮件。

请思考一下信息内容。内容是私人的、保密的吗？如果是，确保直接以私人方式发送给对方，不要通过公共群组来沟通，以此建立信任。

长度、复杂度和熟悉度：将三者结合起来

现在我们已经讲了影响沟通渠道选择的三个因素，旨在找到最佳渠道来表达你对他人的尊重。当然，每一种渠道都存在差异性和特殊性。我常听说，当没法进行面对面会议时，视频会议是人们的首选。但是，现在我们都知道视频会议远非完美，如果有人在视频会议中说个没完，参会者又被迫倾听，那很多人会选择不配合，会议就成了少数人自说自话的演讲。但是也有办法解决这个问题。比如，Zoom会议提供了"集体会议室"将参会者分散在容量大小不一的独立房间中。Zoom还允许参会者在开会期间使用"在线白板"，每个人可以同步在线书写和协作，这样，大家就能建立共享的情境了。

最近，一家公司请我评估他们一个团队的数字沟通状

况，这是团队"文化更新"的主要部分。部门领导想知道员工为什么会频繁地失职：不能按期交付工作、忽视邮件、令人不舒服的聊天室谈话和同行之间普遍存在的消极对抗行为。

我很快就找到了这个团队的问题，员工使用的沟通渠道五花八门，但是没有人使用的是正确的渠道！在这个团队里，微软协同软件 Teams 成为成员们避免面对面沟通的一种沟通渠道。不仅如此，团队成员们随意使用各种协作工具分享信息和文件，如此一来，任何人都不知道到底该选择哪种渠道来沟通了。一些成员使用 10 个字的即时信息来评论任务，也不解释他们的回复是个人观点还是行动请求。

最后，我和这个团队的负责人探讨，针对他们使用的每一个沟通渠道，建立了最佳、最合适的使用规范。以下是我们建立的规范列表：

工具	使用时间	回复时间	规范（使用方法及禁忌）
Skype 通信软件（内部即时通信）	发送具有时效性的、紧急的信息 进行简短的对话	尽快回复	请在沟通人数少于 6 人时使用（否则请打电话） 在 Skype 上设置个人在线时间 避免在讨论复杂问题或需要图像资料的对话中使用

续表

工具	使用时间	回复时间	规范（使用方法及禁忌）
电子邮件	需要提供有针对性的、重要的、及时的信息 需要确保有沟通记录 需要引导收件人从在线资源中获取更多信息	24小时之内，回复时间取决于邮件的优先级	传达紧急事情并期待回复，请在标题处使用标识号 使用附件功能 避免需要立即回复信息时使用邮件 避免随意闲聊
视频电话	团队会议	提前安排，回复时间取决于优先级	确保合理使用摄像头和麦克风 需要时使用"静音"功能 会议主持人需要说明参与者是否需要视频功能 可以录下会议过程发送给未能参与会议的人
发短信（手机）	需要进行有时效性的、紧急的沟通 无法通过其他渠道沟通	早上7点到晚上7点之间，回复时间取决于优先级	如果你的主管首选这种沟通方式，可以与他进行沟通调整 不要在开会或工作时间发短信

建立协作渠道规范并不困难，最难的是确保团队坚持遵守这些新的行为准则。基于这一点，我们选出了两到三个规范倡导者，他们的作用就是鼓励人们探索每个渠道的最佳使用方法，并公开表扬那些能正确使用沟通渠道的人。最后，我们推出了一个＃杜绝重复＃标签，专门消除个人在多个渠道对话中产生的不必要重复内容。

这个标签成了团队文化中的重要组成部分，它在帮助人们减少时间浪费的同时，还优化了同事们使用每一款数字沟通渠道的方式。

承诺体现在细节中

我的一个长期客户负责一家会计公司，在一次面向新市场的产品发布失败后，他拨通了我的电话。

这款产品在几个月之前就发布了。来看看这个产品的项目组是如何运作的吧！首先，市场部邀请了660名参会者（50%的人都是公司员工）到市政厅参会，会议由首席执行官主持，他先用了一个正式的演示文稿展示会议内容，然后进行时长半小时的问答环节。市场部的一些成员还在Yammer（一个封闭的网络社交平台）上主持了一场后续聊天活动，并为二级经理们安排一场特殊的午餐会。每个人都在说类似于"这是个很大的机会""让我们引发一场变革"这样的话，就是为了确保员工们理解这个新项目的独特性。然而1个月之后，什么都没有发生，员工对此感到困惑。所有的想法停留在计划阶段，由于要做"更加紧急的"工作，很多想法甚至被直接搁置了。

是的，这就是什么都没有发生的原因。领导团队从来没有要求经理写下清晰、可量化的承诺，比如他们和团队计划要如何吸引客户，如何与营销部门合作，以及需要优先考虑的衡量基准。

为了让每个人各司其职，我和领导团队要求每位团队成员在周末之前向现有客户和潜在客户沟通新产品的细节信息。接着，我们使用Teams来跟踪他们的进展，共享客户的常见问题，并邀请公司高层领导参与高优先级事项的讨论。这一简单的做法让团队做出更少但更好的承诺，并坚持实现承诺。

最难的部分是做出承诺吗？不，最难的是坚持下去。一个公司的数字化程度越高，团队就越需要及时处理客户的请求。为了减少困惑，我总是建议客户记录并跟踪个人和团队的承诺。在项目的每个阶段，列出正在践行的关键承诺。比如"我会在这些领域给我的团队提供他们需要的资源：网站更新、产品展示和沟通方式"。在这些承诺下面列出你的具体承诺，比如"我会在9月底雇用两名工程师"。

如何确保团队履行承诺？

- 承诺的内容是可视化的或可量化的吗？
- 如果顺利实现承诺，它是否会促使团队既定目标或衡量基准发生改变?
- 个人或团队都拥有他们实现承诺所需的一切资源吗?
- 这个承诺是否会使团队承担过多的风险?团队需要额外的支持吗?

无力的承诺	有力的承诺
下次团队会议时,我会分享我们在工作场合以外讨论的内容	下周我会带着我的报告开会,回顾我们的收入预测并完成验证分析。这些信息将告诉我们实现目标的下一步
我会和负责人讨论改善的必要性	我会收集信息和数据,证明我们在改善企业文化的过程中,有效和无效动作分别是哪些。我会借鉴其他公司的最佳做法,然后在月底提供一份文化实施建议给负责人
我会策划招聘活动	下个月,我会和美国中西部的两名招聘人员参加招聘会议,收集优秀的策划方法。我们会在人才组下一季度的会议上呈现我们的建议
我会在工作中使用绩效反馈	我会回顾一下我的反馈,反思我和负责人之间的冲突。下周我会准备一个解决冲突的策略,应对他每一种反应

细心沟通能够夯实一个团队成功实现目标的基础。问一下自己:"我发送完这条信息后,想要读到信息的人做些什么?"通过考虑你沟通信息中涉及的人、事、时间、地点和方式,包括这些信息接收者可能需要的信息阅读语境来充分理解这些信息,如此,你团队的绩效一定会提高。

确保用细节衡量成功，确保每个人理解他们同意的事情，包括具体的项目负责人、行动过程和你期望的最后期限。最后，定期回顾成功的标准，追踪进展，在必要的时候做出调整。

简而言之，细心沟通就是确保所有相关的参与者目标一致。当你和数字团队工作时，实现这一点变得更加困难。

请记住：打字之前要三思，选择正确的沟通渠道，关注承诺的细节。

你还可以使用以下的评估表来分析你的团队是否已实现细心沟通。只需要在方框中勾选那些和你情况最相符的选项。"非常同意"下方出现的钩越多，你的公司现有的细心沟通水平就越高。

	非常同意	基本同意	部分不同意	完全不同意
你了解每一个团队项目的具体目标				
每次会议之后，你都清楚下一步是什么，以防万一，还会用几分钟回顾一下会议内容				

续表

	非常同意	基本同意	部分不同意	完全不同意
你的团队有一套关于渠道选择和回复时间的清晰规范				
你了解收到的信息希望你能做些什么				
获取完整表格,请访问 ericadhawan.com/digitalbody language				

第六章
自信合作
数字时代的团队合作

———

＋

像其他传统的印度家庭一样，我们家里人都是大嗓门。这就是我们的成长环境，也是我们学习方言的方式。在我家里，如果嗓门不够大，就没人理你。因此，我也成了一位有时甚至不需要麦克风的公众演讲者，即使台下的听众有上百位甚至更多。

不过，直到我和一位大嗓门的同事同处一室时，我才意识到讲话音量过大的坏处。他的办公室与我的办公室隔着一条走廊，每当他的声音传来，我就感觉像有人冲着我的耳朵大喊大叫。在他附近办公，我时常无法静下心来思考，却不敢对此发表意见。有没有一种礼貌的方法，能够提醒他在开会和打电话时适当压低一下自己的音量？如果我对他做出"嘘"的动作，会不会因此得罪他，影响我们协同办公的效率？

我在心里演练了好几种不同的情境：我应该在午餐时告诉他，还是在饮水机旁随口说说，或者在经过他办公室门口的时候提醒他？不对不对！我是不是应该找一个和他更熟的人去说。唉，还是算了，我不如给他写一封邮件！于是我编辑了一封邮件，但过了一晚，我还是在第二天早上把写好的邮件删掉了。

当天晚些时候，我终于鼓足勇气对他说："你讲话可以稍微小声一点吗？或者接电话的时候把门关上。"

"可以的，真不好意思。"那位同事回答道。

看吧，一点也不难，这件事就这样解决了。现在想一想，如果我确信自己提出的建议是有用且出于好意的，那么在一开始我就该说出来，能省下不少时间精力。

自信合作需要我们抛开对他人可能有的想法或言论的恐惧和焦虑，敢于表达自己的内心。在职场中，我相信很多人都会碰到这样一位同事，他习惯性地把所有事情列为紧急事件，在所有邮件的主题栏内标注"紧急待办"四个字！如果还不足以强调，他会在邮件发出几秒钟后发来短信询问。如果你几小时都没回复，手机铃声便会响起，猜猜是谁打来的？在这种情况下，为了保证对方能在截止日期前完成工作，我们免不了会放下一两件手头上的事情，优先处理这位同事的事宜。可事实是，我们会发现所谓的截止日期只是这位"紧急先生"自己设立的罢了。

又或者你一定接触过与"紧急先生"习惯相反的"不急女士"。她通常会揽下一大堆工作。你给她连续发出好几封邮件,但即使截止日期马上到了、甚至已经错过了,你也收不到任何答复。你无从知晓她是压力过大还是负担过重,你似乎在等待一个永远不会到来的答复,反而使你自己错过工作的最后期限。

"紧急先生"和"不急女士"使团队协作充满困难。在数字化办公场所中尤为如此。通常,这些消极的职场行为都源自个人的恐惧和焦虑,而这些负面情绪会演变成习惯性拖延和消极对抗,削弱彼此之间的信任。

《财富》(*Fortune*)杂志发布的一份研究报告指出:根据 CEB(一家商业调研与分析公司)对 23000 多名员工进行的劳动力调查,60% 的员工每天至少需要与 10 位同事进行协商才能完成工作,[1]而这其中又有一半的员工需要与 20 名以上的同事协同工作。[2]在过去的 5 年里,公司间销售产品所需的时间增加了 22%。[3]在这个团队合作不可或缺的世界里,我们需要专注于克服因消极恐惧产生的职场行为,以找到最佳的团队合作方式。

自信合作要求我们阐明自身需求,包括我们何时需要以及为何需要。如此一来,误解、恐惧和焦虑等消极心理便不会在我们的工作环境中蔓延。

为什么在数字化办公环境中很难做到自信合作？

在传统的办公环境中，我们可以随意地在同事的办公桌前发起一次简短的交谈："你现在有空吗？"或者与同事直接进行眼神交流。这样的沟通方式曾经是职场文化的重要组成部分，我们在工作中的社会关系有助于加强彼此之间的信任，加深彼此的理解。然而，在当下的工作环境中，这种自发的、随意的沟通正在消失。在某些情况下，例如，当公司几十位同事分布在不同的地区或国家时，我们甚至没办法和同事进行面对面沟通。

团队成员之间经常会发生此类对话："不好意思，看到你打电话了，没听语音信箱，你可以给我发一下视频会议邀请吗？"或者他们会直截了当地告诉你，"我太忙了，没时间安排会议"。真够贴心的，我都不认识你。说是每件事都得立刻做，但事实上大多数人根本不想、或是时间安排上不允许这么做。

自信合作的原则
保证每个人都能及时地获取最新信息

要让所有相关人员了解并掌握最新情况，同时不断核查，以确保所有消息及时更新且公开透明。

凯里（Kerry）是一家科技公司的部门首席运营官，也是我的一位客户，他向我讲述了一个项目协作失败的例子。他回忆道："当时，我需要向一位高级主管汇报一个项目计划，涉及我所在部门的三个团队。三个团队都知道我是要一份计划书，但他们分别提交了不同的时间表，甚至都没有商讨一下，统一时间表后再交给我。结果可想而知，我根本难以应对。当时是傍晚6点，而那位高级主管希望在晚上12点前收到项目计划的邮件。"

还有另外一个例子：一家美国公司计划在欧洲消费市场推出一款个人卫生产品。弗朗索瓦丝·亨德森（Françoise Henderson）是公司的翻译，负责翻译公司市场营销的各类资料。她注意到，广告中所列的产品成分与产品包装瓶上的成分不同（似乎有些成分在欧洲是禁止使用的）。

"不过，营销部门对此事毫不知情。"亨德森说。[4]公司的营销、通信、技术、法律和包装5个部门应该获悉整个推广过程中的信息变化。在这个案例中，不同部门之间显然未做到信息一致。

* * *

> 实现自信合作，首先需要了解企业其他部门的业务范围，并就不同部门之间的互动建立明确的规范。

* * *

如果要说谁最能理解合作中缺乏自信的问题，那就当属丽莎·沙莱特（Lisa Shalett）了。她是高盛集团（Goldman Sachs）的前合伙人兼品牌营销及数字战略主管，现为集团董事会成员。她创建了一个由公司不同部门的员工组成的特别事务组，专门处理公司的跨主题事务，包括：法律、合规、雇佣法、员工关系、工作技术、信息安全和营运风险等。[5] 为什么需要这么多不同领域的专家参与其中？"因为凭借集体的力量，我们可以迅速达成共识从而解决问题，"沙莱特说，"如果得到反对的意见，至少我们也会明白为什么会被反对，那么相关的同事也不会感到被冒犯。"[6] 沙莱特建议说："在项目伊始，我们都应该提出以下几个问题：谁需要知晓我们的全部计划？这些事情的风险性如何？人们需要从哪里了解做这些事的一系列流程、要求和法规？"[7] 不仅如此，沙莱特还主张挑出能出色完成项目、明辨工作走向、善于头脑风暴的人，并确定他们在工作中的重要程度。

我们还应该提前思考几个简单的问题：谁可能会打乱项目计划？项目需要谁的支持？这样我们就不会忽视掉那些可能会拖慢我们工作进度的人，包括收银员、新客户代表、风险经理等。除了自己的直属团队成员之外，沙莱特还考虑了所有的利益相关者，包括那些可能不会做出决策但会执行决策的人。此外，她要求相关部门把提议和问题用非专业术语来解释。工程、管理和法律领域的工作都有其自成一套的行话，为了确保这些不同的声音能够相互理解，每个人都要用清晰通俗的语言来发表见解。

卡罗琳（Caroline）是一家制药公司的团队负责人。她将团队分为"项目组成员"和"项目顾问"。项目组成员参与决策，维系团队日常活动；项目顾问则负责在会议总结或一对一谈话时向团队提供特定主题的专业知识。此外，不能参加会议的项目组成员应当指定一个代理人替自己做出决策。

如此进行角色分配后，卡罗琳将原本有30人参与的集体商讨会缩减为6人一组的讨论。团队的项目也因此完成得更出色、更高效。

如何帮助团队成员建立信心

- 用结果而不是耗时来衡量工作成果。避免产生工作时长不足或工作耗时过长的问题。如果成员知道自己可以在5小时内完成任务，却被要求每天工作8小时，他们就会很容易分心。

- 设定明确的角色和期望。设定的每个任务，都是实现团队共同目标的其中一步，明确任务内容和团队目标之间的关系。通常情况下，我会在通话结束时向团队成员提问：谁负责什么任务？任务的具体时限？这样一来，整个团队完成工作的节奏就会顺畅许多。各成员与工作伙伴及团队领导都会培养出高度责任感。在完成任务的过程中，我喜欢使用项目跟踪软件，如Trello，来强化任务责任制。

- 对成功的定义达成一致。在项目开始时，我们需要找到以下三个问题的答案：什么样算"成功"？什么样算"完成"？哪些问题不属于我们这个项目？在此基础上，团队应精诚合作，制定恰当的任务期限。
- 与团队保持紧密联系。如果团队成员对工作内容存疑却联系不到你，他们有可能会丧失工作动力。花5分钟的时间解答成员们的问题，就可以避免浪费更多的时间！

保证前后通知的信息一致

* * *

频繁改变优先事项会导致工作信心下降，我们应该确保前后通知的信息一致，以免打乱工作节奏。

* * *

如何保持前后通知的信息一致性，并增强团队信心呢？

答案是：不要随意设定项目的截止日期；不能反复取消会议；耐心回复信息。

不要随意设定项目的截止日期

据说，"截止日期"或"最后期限"一词可以追溯到美国内战时期，是真是假我们无从考究。那时，战俘营有一条被称为"死亡之线"的边界线，凡是擅自越界者会被处死。[8]简而言之，"截止日期"一词带有严肃的语体色彩。

在某些地方，这条规则仍然适用。例如，制造厂在截止日期前未出货会给供应链上的无数利益相关者造成损失。但在某些情况下，未在限期内完成任务并不会造成特别严重的后果。此时，最后期限通常被表述为"中午前后""尽快"或"早上的第一件事"，给人一种似有似无的紧迫感。例如，在涉及迭代和创新的创意产业中，如果某种想法尚未成熟，那么也就没有最后期限可言。但当某团队或某人因在限期内未达到要求而导致工作链上出现其他延误现象时，问题便随之出现。

大部分公司或多或少都会遇到以下几种情况。如果员工们身处不同时区，需要协作时，便不得不克服工作时间不一致、语言不通等障碍。这样一来，在限期内完成工作就变得尤为艰难。因此，企业管理层需要创建一个系统来辅助确定恰当的工作截止日期，明确未在截止日期前完成工作的后果，并预测可能的突发情况。

确定任务截止日期需谨慎。玛丽（Mary）是一家酒店管理公司的高级副总裁，她在和团队商讨制定工作期限时，总是先安排项目议程："我认为应该把这次项目的截止日期设为12月1日，不过这不是最终确定的时间。所以我希望每位成员接下来都能发表自己的意见。"

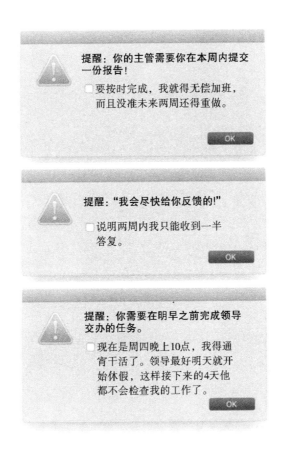

玛丽之所以这样做，是因为这样可以给团队成员提供机会指出工作安排中的隐患，避免其因害怕质疑领导的决策而保留意见。此外，玛丽鼓励未在会上发言的团队成员以邮件的形式提出建议。毕竟，电子邮件更能给人带来心理安全感。如此一来，即便自身的建议并不会改变事情结果，团队成员也得到了公平发表见解的机会，这也有利于他们接受既定的工作安排。

不能反复取消会议

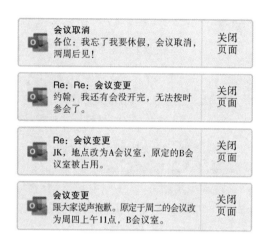

在工作中，我们经常遇到会议被取消的情况。如今，我们的工作安排愈加紧凑，这样的情况就更加频繁。确定会议时间并不困难，那为什么还会出现反复调整会议安排的情况呢？

显然，总是反复取消会议会给整个公司带来影响，打击团队士气，缩减团队集思广益的时间，甚至导致员工对领导层失去信心。

举个例子：纳迪亚（Nadia）在一家大型保险服务公司管理一个内部营销团队。团队花了三周时间为公司首席创新官制订了一项为期1年的战略计划，但在讨论会议召开前的几小时，会议被取消了，时间另定。这一突然取消会议的行为令团队伙伴们觉得自己被忽视，没有受到尊重。同时，也让这件事看来充满矛盾，如果会议真的很重要，那么自然会顺利召开。

取消会议已然不妥，若还不加以解释，仅通过一封简短的电子邮件告知这一信息则更令人难以接受。虽然我们可能无法避免调整会议安排，但做的时候就要处理得更为礼貌和妥当。我们应该在通知信息中表达歉意，并解释会议取消的原因。此外，作为责任方，我们应该传达出对与会者的尊重与理解。比如在信息通知中表示"我知道这场会议很重要，但……"或者"我们会尽快重新安排会议时间……"

耐心回复

> 取消勾选"回复所有人"：若只是回复某人的信息时，切莫忘记取消勾选"回复所有人"。
>
> "哎呀！咖啡还没下肚的话，我确实不该发邮件呀"：适用于匆忙中发出邮件或打错字的情况。
>
> "没有冒犯的意思，只是……"：适用于不慎在邮件开头使用了带有冲撞意味的词语的情况。

我在本书中多次提到，如今，我们的沟通存在异步现象。许多信息可能同时出现，破坏了"信息顺序"的概念。同时，我们似乎遗忘了一条真理：欲速则不达。

信息交叉出现或遗漏可能会引发误解，从而降低双方的合作信心，轻则会议取消，重则承诺作废。急于求成只会导致成员不作为，拖慢工作进度。更甚之，职场混乱一触即发。

而在沟通中，回复时机不同，由此引发的问题也不尽相同。在我们发出邮件到收到第一封回复之间的空当时间，事情有可能发生翻天覆地的变化。此外，若急需得到他人的回复，等待的每一秒都尤为漫长。在此期间，我们甚至会感到不耐烦、易怒、焦虑。对于管理跨时区工作团队的领导者来说，回复时机这个问题颇具讨论价值。

萨姆是迪士尼乐园及度假区（Walt Disney Parks and Resorts）的一位共享服务负责人。他表示："我在纽约一觉醒来，会收到来自上海办公室工作人员的50封电子邮件。因为迟迟不见我回复，他们都吓坏了，不断地给我发来邮件却不打电话联系我。"萨姆是迪士尼乐园奥兰多、上海和巴黎三个主题公园的团队经理，他还发现团队成员在发出大量邮件的同时，总是勾选"回复所有人"，却不想想是否有必要。因此，萨姆感到既气愤又无奈。

如果你能抑制住自己立即回复邮件的冲动，那么，你就能更加充分地掌控事态。除非情况紧急或迫于时间要求急需回复，否则不要急着回复。慎重的、有策略的回应往往使集体和自身获益更多。多花一些时间，从不同的视角考虑问题，回顾已经发生的，预测即将到来的。

数字化沟通中，为了匆匆了事而做出回复会助长群体思维，削弱团队创造力。连续6封给出肯定答复的邮件会让第7个人难以说出否定的话。"大家真的都同意吗？"如果在视频会议结束时匆忙提出这个问题，就像是在故意挑刺儿。

多花点时间阅读编辑的内容，确认自己所表达的和想表达的一致。虽然异步交流不尽完美，但它给我们留下了处理文字信息的时间，避免回复太快，造成误解和尴尬。这是异步交流的优势，这一点我无须多言。我们应该把握好即时回复与深思熟虑之间的平衡，多加思考斟酌可能更具价值。

数字时代如何避免群体思维

- 在未了解所有细节的情况下，接受任务需谨慎。我们需要提前了解任务的截止日期，共事伙伴，以及有哪些可供支配的资源。若以上信息尚不明确，我们最好主动沟通，在任务启动前做好规划。
- 不要期望发出的信息立即得到回复。要知道，别人也有自己的事情要忙。可以设定一个提醒，提醒自己在两天内跟进。当然，若事件紧急，在收不到回复的情况下，我们不妨尝试其他的联系方式。

- 信息在发送前至少要看一遍。谨记：凡事欲速则不达。
- 检查语法，确保语言准确。你是否传达出了心中所想，提供了必要的细节，并明确了你的要求？你是否描述了最终交付的成果是什么样的？是否注明了任务的截止日期和查验标准？

有策略地跟进

大学期间，我有一位室友总是在刚和我面对面说完话之后，给我的语音信箱留言："我只是想问一下你能给清洁阿姨打个电话吗？厨房太脏了！还有，你有没有买纸巾？我想起来你之前说过会去买。"不用说，我搬出去的时候，想把纸巾全部带走。

有谁真的喜欢收到内容第一句就是"我就是想问问……"的邮件吗？反正我不太喜欢。显然，跟进工作是团队合作的重要组成部分，需要一定的规范与技巧。我们应该用电子邮件、短信还是电话来跟进任务？询问对方是否收到你当天早些时候发送的信息，这类行为是否恰当，会不会让他人感到冒犯或不被信任？

自信合作要求我们有策略地跟进，明确时间、方式，避免引起他人的不安。

当对方不回复时，如何做到有策略地跟进而不流于无谓的唠叨呢？

- 标注清楚邮件主题，明确表示这是反馈工作，而不是交代新任务。
- 勿将邮件抄送给新人（除非万不得已）。
- 更换沟通方式（可以先询问对方是否能预留出电话沟通的时间）。

培养数字化职场中的领导风度

自信的领导做事总是井然有序，他们发出的邮件从不带错别字，也不会忘记将相关工作人员添加到小组群聊中。在数字化沟通中，自信的领导会树立相关规范，为团队制定指导方针，指导成员们如何进行沟通，告知成员每一种沟通渠道的使用礼仪等等。当然，他们也会以身作则，规范行事。

* * *

有风度的领导者必然有谋略且行事谨慎。这意味着他们即使在线上沟通，也会注重细节，反复核验员工递交的文件，同等重视线上会议和面对面会议。

* * *

在线上会议中，领导者的存在感较强，这一点体现在多方面。例如，推动建设性讨论、避开沟通渠道本身存在的缺陷（人们可能互相交谈或说教，或受到离线造成的干扰）。除此之外，领导者还可以通过其他方式来展示自身强大的数字化领导力。

首先，我们需要了解，相比面对面会议，我们需要为线上会议做更多准备。比如，在会议开始前将研讨主题传达到位，以便与会者有充足的时间思考应对措施。要求团队成员列出其认为最具分享价值的想法，这样能够提高效率，保证工作在计划时间内完成。同时，在召开线上会议之前，可以将团队成员分组，组内预先交换讨论想法。如此一来，我们只需在线上会议中探讨那些已经被有效筛选和验证过的想法。

数字化职场中的领导风度包含了什么？

- 与团队成员商定工作截止日期。
- 精准传达工作要求。注意：简短不等于明确。
- 设定合适的视频会议背景，以免背景分散了与会同事的注意力。
- 承认团队成员的个体差异，并考虑这些差异所带来的不同需求。
- 以协作的方式制定并执行团队沟通规范。
- 成为团队讨论的促进者，而不是独断者。
- 确保自身言行一致。

在数字化职场中,要实现自信合作,就需要为团队做出长久、有效的承诺。作为领导者,不妨退一步问问自己:哪些细节看似微不足道却可以维系团队协作关系?是为团队制定数字沟通渠道的使用规范吗?是完整地回复信息,尊重他人的时间吗?还是确保团队成员对"成功"的理解在邮件往来的过程中不受影响?这些我都做到了吗?

你可以用下方的评估表格来判定你所在的工作场所中是否实现了自信合作,根据实际情况,在相应方框内打钩。勾选"完全一致"的次数越多,说明你所在团队的自信合作程度越高。

	完全一致	基本一致	略有出入	完全不符
团队各小组定期更新工作进度,并有策略地跟进				
有需求时,可向管理者或领导寻求帮助或支持,并得到答复				
团队重视工作期限并会在截止日期前完成任务				
持有不同意见的成员会自然地发表自己的见解				
获取完整表格,请访问 ericadhawan.com/digitalbodylanguage				

第七章
充分信任
创新的提速与深化

"不要相信任何人!"这条警示在我的童年里反复出现,伴我成长。我的父母带着我们漂洋过海移民到美国,是希望一家人能过上更好、更安全的生活。在引导孩子探索世界的过程中,他们希望孩子能明白一条至关重要的生活经验,那就是:远离危险的人或事。

父母总是给我一些这样的警告:陌生人敲门不要开!不要在学校爬危险的梯子!不要碰地上的脏东西!还有一条最重要的、强调了无数次的警告:千万千万不要上陌生人的车!如果有人强迫我上他们的车,我应该大声呼救,赶紧逃跑。

记得在我 11 岁的时候,有一天,我在放学之后去洗牙。牙医的诊所和学校只相隔几个街区，所以一放学，我便背上书包，步行前往诊所。几分钟后，一个上了年纪的男人开车经过，他放慢了车速，并摇下车窗，问我是否需要搭车。

妈妈的话像红色警灯一样闪过我的脑海，我立刻飞跑起来，一口气跑到了牙医诊所。估计从来没有人如此急迫地去看牙医吧！

后来我就把这件事忘了，直到前几年，我才回忆起来。那时我在波士顿生活，因为没有车，到哪儿都需要乘地铁。一天，一位朋友推荐我使用省时省力的优步（Uber）打车。那一刻，母亲的警告再次浮现在脑海中。我的朋友想让我去乘坐一辆陌生的小轿车？去信任一个完全陌生的司机？怎么可能！后来我了解了优步的业务模式，平台允许乘客查看司机的照片和名字，司机也能看到乘客的信息。此外，你还能在优步的平台上看到别人对司机过往表现的评价，也能知晓你打的车还需多少分钟才能来接你，甚至能同步你的乘车路线。

我安排了我的第一次优步出行。这次体验和广告宣传的一模一样，安全、方便、高效。随着时间的推移，我对优步的信任与日俱增，使用优步打车出行也慢慢地从一个难以想象的疯狂想法变成了每天两次的日常打卡。

在此，我并不是说，一个团队实现充分信任的过程就像优步打车一样快捷。但可以肯定的是，只有创造一个有安全感的环境，让我们能够畅所欲言或敢于承担风险，信任才能生根发芽，在这一点上两者是相通的。创建完全信任的团队文化需要领导者致力于培养心理安全，优步在其评级系统、路径跟踪功能和司机背景调查方面所做的努力就是提供了安全感。理想情况下，充分信任就是将我们在工作中实现的"显性重视""细心沟通"和"自信合作"的效果结合起来。

话虽如此，可没有一根柱子能够独立支撑。

也就是说，从"显性重视"发展到"完全信任"的过程中，我们也是在告知他人我们同样期待得到尊重和认可。当莎拉给她的老板凯伦发送了一份熬夜准备的问题清单时，凯伦会先快速回复一封邮件："收到，谢谢！周二回来时会仔细看。"凯伦知道，如果她等到周二才回复邮件是对莎拉的不尊重，而莎拉可能会觉得是什么地方出了问题（而事实上凯伦只是太忙，还没有时间去审查她的工作）。通过花时间去回复信息，凯伦确保莎拉能感到自己被重视。

细心沟通对于构建充分信任也十分重要。想象一下，如果莎拉根据自己的想法工作了数周，最后凯伦却告诉她营销部门想出了一个不同的策略，否定了莎拉的所有建议，那她会变得多么焦虑啊！如果凯伦早点花时间和营销团队沟通，她就可以为莎拉节省更多的时间和精力。

同样重要的是，充分信任还要求我们实现自信合作，不要在最后一刻取消既定的计划或违背事先的承诺。你可以用"显性重视"和"细心沟通"来达成目标，采用一致同意的策略。但如果莎拉的老板凯伦是个善变的领导者，总是行动迟缓，做决定犹豫不决，那么很多工作就会失败。同样的道理也适用于那些没有问责措施的团队，他们会错过项目的截止日期，或者在没有得到任何建设性反馈的情况下草草了事。因此，他们需要知道，自己可以依靠团队领导和同事。

为什么充分信任别人就这么难

一些领导表面上倡导"直言不讳"和"勇于冒险"的企业文化，但实际只是说说而已，他们既不付诸行动，也不会支持并授权那些能付诸行动的团队成员。

"如果你能听到她打字的声音，你就知道要出事了。"一名员工这样形容她的老板——箱包公司 Away 的首席执行官斯蒂芬·科瑞（Steph Korey）。表面上看，科瑞做的一切似乎都是对的。她 30 岁不到就获得了哥伦比亚大学的 MBA 学位，并在当今热门的创业公司之一 Warby Parker（美国著名眼镜电商品牌）任职。有一天，她和朋友珍·卢比奥（Jen Rubio）集思广益，卢比奥想出了一个她认为能够获得成功的概念：行李箱！伟大的行李箱！酷炫的行李箱！科瑞和卢比奥一起调查以验证这个想法，很快他们就筹到了 15 万美元，不久他们便把公司开到中国,在中国的生产线负责监督 Away 第一款产品的量产。该公司的第一批旅行箱于 2016 年面世,2 年后,科瑞和卢比奥同时登上了《福布斯》"下一波 10 亿美元初创公司"榜单和"30 位 30 岁以下精英"榜单(科瑞还成为该杂志的封面人物)。[1]

在外界看来,科瑞是带着一种深深植根于"充分信任"的企业文化引领 Away 团队。面对记者时,科瑞反复强调她喜欢授权公司各级组织进行自主决策,倡导一种植根于成长和学习的企业文化。在《福布斯》的一段采访视频中,当谈到 Away 快速成功的秘诀时,她说:"如果说我有什么功劳,那就是我建立了一个了不起的团队。"从表面上看,Away 似乎打造了一个有着充分信任氛围的工作场所。

但在幕后,这个出色团队中的许多成员有着截然不同的、更负面的观点——Away 的团队文化隐含着对员工的羞辱、欺凌和不信任,而这种文化的发起者就是首席执行官本人。如果科瑞发给团队成员的电子邮件或语音信箱留言没有得到及时回复,人们就能听到她的叫喊:"这是什么鬼东西?"在一封电子邮件中,科瑞把她的团队称为"千禧一代白痴"。看了这样的评价,许多团队成员都快哭出来了,但他们只能默默地忍受着。"我们只是任由她咆哮。"一名员工说。

包含了威胁和恐惧的 Away 文化也体现在他们的数字

沟通文化中。员工写的任何东西都可能成为科瑞长篇大论或严厉训斥的素材。员工之间禁止互发电子邮件，只有在提出小请求时才被允许在 Slack 上直接发信息。科瑞解雇了 4 名员工，仅仅因为她发现这几名员工在 Slack 上的 #HotTopics 频道中谈论她，而这只是一个众所周知的关于具体商业问题的讨论平台。在 Away 没有隐私，也没有途径诉苦喊冤而不害怕遭报复。在一条凌晨 3 点发送的颇具 Away 风格的信息中，科瑞通知超负荷运转、人手紧缺的客户服务团队，在解决她发现的客户服务问题之前，他们不得停止工作或提交休假申请。

真正崇尚充分信任的组织则与 Away 完全不同。在高度信任的组织中，员工会获得显性重视与支持，同时受到鼓励，细心沟通也让他们内部很少出现误解。高度信任的组织还会通过团队协作帮助员工克服恐惧，实现自信合作。

领导者在建立信任方面扮演的角色

2016 年，微软大张旗鼓地发布了一款推特"机器人"。微软公司宣布，这款"机器人"将为迎接人类与人工智能对话的新时代铺平道路。这个聊天机器人名叫 Tay，设计之初是为休闲、娱乐，[2] 但没过多久，Tay 就被推特用户"教坏"了。他们发现了它的一个"漏洞"，于是教 Tay 在推特上发布"极不恰当、应受谴责的文字和图片"。³ 随后关于 Tay 的头条新闻五花八门，从"推特在不到一天的时间里就把微软的人工智能聊天机器人变成了一个种族主义的混蛋"到"不用 24 小时就毁掉了一个无辜的人工智能聊天机器人"。产品发布不到一天，Tay 就永久退休了，微软首席执行官萨蒂亚·纳德拉（Satya Nadella）发表了直接的、周到的、谦卑的道歉，他对所有被 Tay 伤害的人表达深深的同情。⁴

有人会受到惩罚吗？不。纳德拉并没有批评他的开发团队，而是给他们写了一封鼓励的电子邮件。"继续努力，要知道我和你们在一起，"他补充道，"我们还要不断学习和提高自己。"纳德拉后来在接受《今日美国》（*USA Today*）采访时表示："领导不应该吓唬员工，而是要为他们保驾护航，解决真正的问题。如果人们出于恐惧而做事情，就难以真正推动创新。"⁵

无论在什么时候，充分的信任都会通过我们的行动和交流表现出来。

充分信任的企业文化是怎样的？

- 你不会因为领导在没有说清原委的情况下给你发送一份议事日程邀请，或者告诉你他要和你谈一件急事而感到焦虑。
- 不论是面对面会议还是线上会议，所有团队成员都能积极参与讨论，建言献策。

- 资历较浅的同事也乐于发声,向大家分享不一样的观点。
- 举行语音和视频会议时大家都能畅所欲言,很少出现发言被打断的情况。
- 企业霸凌现象较少,即使出现,也能被迅速制止。
- 所有人都能规范使用不同的沟通渠道,对数字信息的焦虑水平较低。
- 开线上会议时,即使团队成员没有打开麦克风,你也不用担心他们在同时处理其他事务。
- 就算没有在预期时间得到回应,你也不会急着得出消极的结论。

做好团队的榜样

领导者的榜样作用最终会体现在你的团队文化中。如果任务分配和相关责任不清晰,之后又责备未能完成任务的团队成员,那么就有损团队成员之间的信任。如果有人质疑你的想法就立刻被开除,那就是在进一步侵蚀整个公司的"心理安全网",因为这让团队其他成员觉得自己也随时可能被开除。

负责公司重组时,斯科特意识到自己不得不解雇表现不佳的营销主管。然而,两个月后,那位营销主管还在公司。当有人问起时,斯科特说:"我就是做不到。"他清楚自己需要做些什么才能让公司发展得更好,如果他解雇了营销主管,那些未完成的项目该怎么办,是否还会失去所有的外部业务联系?

但问题是,没有解雇营销主管让斯科特的团队成员感到困惑。斯科特真的想改善业务吗?一些人开始质疑他们的老板在做出艰难决定时的行动力。"你确定吗?"团队成员开始在会议期间询问斯科特。直到有一天,事情发展到了紧要关头,斯科特的一名下属也推迟解雇他的一名员工。这位下属心想:如果斯科特都这么讨厌解雇人,那我又为什么非要解雇自己的员工呢?当斯科特意识到自己的行为引发了负面的多米诺骨牌效应时,他立即解雇了营销主管,并在随后发给团队的电子邮件中承认自己应该早点行动,他已经意识到自己行动的重要性了。

创建心理安全

心理安全是指能够说出自己的想法,而不用担心对自我形象、地位或工作造成任何负面的影响。一个公司如果没有"心理安全",就不会有人愿意站出来说话。(如果自己说错了怎么办,如果同事评判或指责自己怎么办?)哈佛大学教授艾米·埃德蒙森(Amy Edmondson)建议公司领导者明确向员工表示:公司的未来存在着巨大的不确定性,我们需要相互依赖。换句话说,要清楚地告诉团队成员公司发展的复杂性,因此每个团队成员的意见都很重要。例如,可以说这样的话:"我们以前从未涉足这个领域,也不知道接下来会发生什么,所以我们需要每个人都贡献智慧、发表观点。"⁶通过合适的措词,让你的团队形成凝聚力,克服工作中可能存在的障碍,同时也含蓄地表明允许他们畅所欲言。这就是自信的合作。

要想做到这一点,领导者可以遵循萨蒂亚·纳德拉的做法,不要批评个人,而是要纠正错误或糟糕的想法,批评并反思错误的行动,同时坚定地支持团队继续工作。

如何评估团队的心理安全水平?

开诚布公地谈论心理安全非常重要,但在此之前,你应该有一个评估它的过程。问问自己和你的团队成员,对以下陈述持有怎样的态度:完全同意、基本同意、部分不同意还是完全不同意:

1. 错误会成为我的包袱;
2. 团队成员能够提出问题,甚至提出难题;
3. 团队成员有时会为了显示自己的与众不同而拒绝他人;
4. 冒险一试也是可取的;
5. 向团队的其他成员寻求帮助非常困难;
6. 没人会恶意破坏我的努力成果;
7. 我的本领和才能能够得到认可和重视。

你和你的团队成员对以上陈述的同意程度(或不同意程度),能直接说明你们团队的心理安全水平。这对你和你的团队来说是有效的信任评估。⁷

(改编自艾米·埃德蒙森的《团队心理安全评估》)

允许自己显示出脆弱

领导者越强调弱点和学习能力,团队成员就越容易发声、提出问题,并接受不确定性带来的不适。交流中使用一些简单的语句,比如:"我可能错过了一些东西,我需要听到你的想法。"或者:"我承认运营不是我的强项,我愿意接受你的建议。"鼓励你的团队畅所欲言,同时也提醒他们你是多么重视他们。当有人反馈时,你需要优雅地接受:"很好的建议!虽然我们以前在这方面做得很好,但我们忽略了员工之间的沟通。我保证这种情况会改变的。"

在一对一的谈话中,你要找出团队可能存在的弱点。脸书的团队领导者威尔(Will)通常会询问他的团队成员四个问题:"你们正在做什么?哪些进展顺利?哪些进展不顺?我能帮你们做什么?"根据团队成员每月的需求,威尔发现自己扮演着心理治疗师、教练、啦啦队队长和拥护者的角色。

展示自己的弱点是一件极具挑战的事情,根据一个人的头衔或在公司扮演的角色,人们判断和对待其弱点的方式也不相同。例如,CEO提出一个问题,人们肯定会认为这个问题与实习生甚至是中层管理人员提出的问题不同。有些评论或行为会因性别、年龄和文化的不同而存在差异。然而,我们应该跨越这些差异,以最具安全感的方式进行沟通。

团队成员在强化团队信任时扮演的角色

领导者主要负责建构一种心理安全的基调，但这并不意味着团队其他成员在此问题上无法作为或无能为力。每个人都是创造充分信任环境的关键因素。那我们可以做些什么来增加同事之间的信任呢？

从虚情假意到推心置腹

根据我的经验，大多数人不会一下子敞开心扉，而是慢慢地，一点一点地展现自己。我们如何展露隐藏在表面之下的真相，展示真实的自我、真实的想法和真实的感受呢？

例如，如果你正在编辑一条信息，上面写着："嗨，约翰，我是罗伯特。我看了你们的网站介绍，似乎我们Doe公司的产品符合你们的要求。"抱歉，还有比这番说辞听起来更老套的吗？此时此刻，你应该"走出去"工作，去真正地了解对方，研究对方公司的网站，尽可能多地阅读相关文章，评估对方公司真正需要什么，你在什么地方最具价值。一旦你掌握了这些信息，请这样再试一次："嗨，约翰，我是罗伯特。首先我想说，我真的很喜欢你去年写的关于小学改革倡议的文章。这太酷了，既能建立团队精神，又是回馈社区的一种方式。"有了这样真诚的开场白，再注意沟通的每一个细节，你便能够建立起信任了。

构建"数字茶水间"

研究显示,当我们适应了远程线上工作,我们最怀念的还是人与人之间的传统社交活动。比如一些自发的交流,就像当我们走过别人的办公桌,顺便说声"你好";当我们在休息室碰到,兴奋地讨论一下奈飞(Netflix)的新剧,或者询问一个看起来忧心忡忡的同事"怎么啦"。这些"茶水间的互动"是建立团队友情、信任,提升团队士气的关键元素,还能让我们了解公司的实际情况。而远程工作没有这样的茶水间,那你又该怎么办呢?

答案是:找时间和同事一起开心一下。不需要严格安排,在团队会议前的5~10分钟和同事简单聊聊即可,讲一讲工作之外的生活也能够帮助成员放松一下。一个远程团队的成员告诉我:"每天早上我们都从Zoom全体员工会议开始聊,你昨天做了什么,今天有什么计划呢,你有什么困难吗?晚上下班前也会互相问问,今天使用的什么方法管用,什么不管用,我们尝试了什么?这是我们每天庆祝成功、分享挑战和总结工作的好方法。"

还有一家招聘公司,在新冠肺炎疫情让整个美国实行隔离政策后不久,管理团队讨论了线上的快乐时光如何帮助成员应对远程工作。一位成员回忆道:"我和大约60名同事度过了一段线上的欢乐时光。我们欢笑、庆祝、紧密地联系在一起，我们还在他人的视频背景中看到了一些非常可爱的孩子和宠物。我们一直致力于保持这一传统，这很有帮助。多么鼓舞士气啊！"在其他地方，Zoom 午餐成了一种新的社交自助餐厅，员工可以聚在这里一起共享虚拟餐点。尽管几个月后，社交 Zoom 的参与者变少了，但对团队成员来说，知晓这个平台的建立和开放，对开展线上社交互动无疑是有益的。

在一家非营利机构，凯伦告诉我："我的团队决定每周打一次 30 分钟的电话，不聊工作，只是大家聚在一起闲聊胡侃，聊一聊快乐的时光，谈论积极的事情，交流我们是如何利用时间的。"

充分信任评估

理想情况下，团队需要"晴雨表"来评估充分信任企业文化的发展情况。下面的数字肢体语言问题指南可以帮助你评估团队的充分信任程度：

显性重视	·我们付出的时间得到了尊重吗？ ·我们出色完成任务后是否得到了认可以及祝贺呢？ ·我们是否能够安心地道出内心的忧虑呢？
细心沟通	·我们对优先事项和后续安排的理解是否相同？ ·我们是否清楚选择沟通渠道的标准以及渠道使用的时机？ ·我们是否通过明晰的语言和词汇来辅助沟通理解？

续表

自信合作	·我们是否能准确识别且统筹安排所有利益相关者？ ·我们是否将信息传递给了正确的人？他们又是否将信息正确地传递了出去？ ·我们是否认为各团队间的沟通具备一致性？
充分信任	·当不能确定事情的性质时，我们是否会假设对方行为的合理性？ ·我们是否能够安心地发表自身见解？ ·我们是否有进行非正式社交的机会？
获取完整表格请访问 ericadhawan.com/digitalbodylanguage	

现在你可能在想，如果我采取了所有的步骤，将这四大法则引入我的团队，我能期待团队发生哪些具体的改变呢？

答案是：你可以期待团队的韧性和适应性得到提升，无论在艰难时期还是在繁荣时期都能团结一致。

当你显性重视时：团队成员在工作时充满激情和干劲。他们对做出有意义的贡献和创新充满动力，同时还能提升员工敬业度、忠诚度和工作效率。

当你细心沟通时：团队表现为一条团结统一的阵线，他们不仅能快速有效地完成项目，还能集思广益，提出可能的突破性想法。

当你自信合作时：你能建立全组织范围内的共同目标，消除团队内部的误解或分歧，促进跨团队协作和创新，提升客户忠诚度和营销效率。

当你充分信任时:你创造了高层次的组织信念,在这里人们讲真话、信守诺言、履行承诺,从而推动销售增长并提升成本效益。

以下是我们在第二部分所学内容的简要回顾:

数字肢体语言的四大法则

第三部分 跨越差异的数字肢体语言

DIGITAL BODY LANGUAGE

人们的成长经历、性格特点、权力大小和工作风格不同,沟通习惯也就不可避免地存在细微差别和特殊性。

当面对面会议的次数比以往更少,沟通距离比以往更远时,认识到我们的偏见和个人倾向是优化工作环境的重要一步。

因为我长期以来一直对人们工作时的合作方式感兴趣,所以常受邀在一些主题为"业务增长、团队合作与创新"的公开活动中发言。在一场由一家大型投资银行主办的会议中,一位首席人力资源官在讲话时不断强调"归属感"的重要性。然后,为了调动气氛,他向现场近100位新晋副总裁提问:"你们当中有多少人曾觉得自己不被他人接纳?"

没有一个人举手。事实上,现场观众要么是低头不语,要么是把脸转到一边。整个宴会厅安静得连一根针掉下来的声音都听得见,显然,没人会在一位白人男性高管和100位新晋副总裁面前承认自己被排除在外的经历。

试想一下,这位首席人力资源官能否用一种更具包容性的方式提问?这样一来,他便能获得诚实、敞开心扉的回答,进而为他的公司开辟一条切实可行的发展道路。

接下来,假设这位首席人力资源官在群发邮件、短信或Webex上提出了同样的问题,结果会如何呢?遗憾的是,结果仍会如此。一直以来,人们都认为数字沟通是优秀的平衡器,可一旦将现实世界中缺乏充分信任的情况放在线上,那么这种不利局面只会被放大。

当我们发现自己因为一个年轻同事过于随意的语气而生气时,因为一位法国同事拖了很久才回复自己而气愤时,又或因为使用不恰当的表情符号所引发的性别歧视而愤怒时,我们要问问自己,是否误解了什么。同时,也要看看自己是否也向他人发出了这些令人困惑的信号。

如果我们不利用好数字团队积累的多样化经验和判断，我们会错过什么？简单来说两个字：太多！

在第三部分，我将讨论如何通过理解数字肢体语言背后的暗示，增强成员参与度、提高队伍生产力、调动团队积极性。

此外，在这部分中，除了第三方的研究之外，我将从我个人的角度，也就是一个在美国长大的印度裔女性和"Y世代老年人"的角度做出陈述。因此，我接下来要说的关于数字身体语言差异的内容可能并不都能引起你的共鸣。毕竟人们的成长经历、性格特点、权力大小和工作风格不同，沟通习惯也就不可避免地存在细微差别和特殊性。我只希望你在阅读这部分内容时，也做好了准备去面对让人不快的事实以及你自身可能带有的偏见。如果不迈出这一步，组织将永远无法充分发挥潜力。

第八章
性别

他说，她说，那些人说

我还是个小女孩的时候，母亲是一名医生，但后来她为了抚养我们几个孩子，在事业上升期时选择了退居二线。其实，照顾孩子并没有那么容易，她却把我们照顾得很好。等我们都上了大学后，她不用再照顾孩子了，也不用再开车送我们到学校，甚至不用操心我们是否在考试中取得了优异成绩，然而对她来说那段日子特别难熬，我都记得清清楚楚。我暗自发誓，不论如何，未来的某一天我要让自己的家庭和事业齐头并进——前提是我可以的话。毕竟我是21世纪的新女性。我相信自己可以做到，对吧？

一眨眼20年过去了，我结了婚，有了第一个宝宝，但我开始担心：等等，如果我真的做不到让家庭和事业齐头并进怎么办？那时我的演讲事业刚有起色，而我发现自己不愿跟任何客户分享自己怀孕的好消息，这让我很惊讶。我开始想，如果他们认为我生完孩子不能继续工作了怎么办？如果他们突然解聘我怎么办？如果我的事业就这样结束了怎么办？

所以，接下来的一段时间，我想尽办法隐瞒自己怀孕的事实。与面对面的会议相比，我更加依赖数字沟通渠道，推掉了一些演讲活动。预产期前一周左右，我在Webex研讨会前会花整整30分钟来调整摄像头机位，以确保自己看起来像没有身孕的人一样。我还记得那时自己有多感激拥有这样一个屏幕，让我可以继续发展自己的事业。

孩子出生后，大多数人都知道我成了一名母亲，同时我的事业开始直线上升。但直到现在我都记得自己经常被迫将为人母的一面藏在屏幕后面。回想起那段时光，我突然意识到，建立不同性别间信任关系的一个关键点是认识到自己的恐惧，并且不将其投射到别人身上。

但这并非表示女性受到了平等对待，因为时至今日，这个难题仍然存在，尤其是在风险投资和技术等由男性主导的行业。2015年，佩内洛普·盖曾（Penelope Gazin）和凯特·德怀尔（Kate Dwyer）创办了主打搞怪奇趣风格的艺术品网站Witchsy，但是她们却在跟客户、买手还有技术研发人员的沟通上遇到了难题。[1] 她们和别人的交流大多是通过电子邮件开展,但有时她们会收到轻蔑的、很不礼貌的回复。

自那时起,盖曾和德怀尔虚构了一位名叫基思(Keith)的男性合伙人。基思是一个虚构的人物,"负责"所有的外部信息沟通。不出所料,这样一位"男性合伙人"对盖曾和德怀尔的业务产生了不小的影响。

德怀尔告诉《快公司》(*Fast Company*)的一名记者:"简直就像夜晚和白天的区别一样,我需要好几天才能得到他人的回应,而基思不仅能及时得到回应和状态汇报,还被问及是否还有别的要求,是否还需要其他帮助。"[2]

虽然这件事令人不快,但事实就是如此。

给老板和下属发电子邮件和即时信息时、在工作邮件中互相发送表情符号时,不小心转发了一封可疑的电子邮件给所有人……早在远程工作、线上交流之前,职场中不同性别间的交流就已经令人担忧。1990 年,黛博拉·塔纳的著作《你误会了我》让读者看到了男女之间形成鲜明对比的"对话习惯"。流行心理学家约翰·格雷(John Gray)在 1992 年出版了轻松有趣的《男人来自火星,女人来自金星》(*Men Are from Mars, Women Are from Venus*)一书,让这一话题继续活跃起来,这本书证实了男人和女人在沟通、理解和表达感激方面存在着巨大的差异,似乎没有人再质疑这一点了。[3]

几十年后的今天,性别差异仍然影响着我们的数字沟通。

回复一封电子邮件时,我们会认为抄送的约翰·史密斯(John Smith)是老板,而写邮件的凯伦·巴里(Karen Barry)是他的助理;我们会选择立即回复汤姆(他的群发邮件内容简明、直接、实事求是),而回复莎拉(她的邮件虽冗长但深思熟虑)却花了 24 小时,这些其实都是无意识的偏见。数字化使本已紧张的沟通环境变得更加复杂,但我们也不要忘记,包容也会带来复杂性。随着商业世界对任意性别都更加包容,我们必须考虑这些变化又如何加深了历史性的性别偏见,并产生进一步的误解。

他说"是的",她说"哈哈!!!"

虽然科学还没有涵盖性别光谱上所有的孩子,但研究表明,传统的性别准则在孩子很小的时候就开始生根发芽了。语言学家苏珊·贺琳表示:"从两三岁开始,孩子们就表现出性别差异。男孩更主动,女孩更含蓄。[4] 还在蹒跚学步的时候,女孩就会形成一种意识,在说话或行动之前考虑他人的感受和期望。但是对男孩来说,发生冲突不仅没关系,甚至还会受到鼓励。"[5]

随着孩子们不断社会化,这些性别差异(通常受到父母和老师的影响)就会越来越明显。人类学家丹尼尔·马尔茨(Daniel Maltz)和露丝·博克尔(Ruth Borker)指出,男孩和女孩与友伴的谈话方式迥然不同。[6] 尽管不同性别的孩子参与的活动都很相似,但他们喜欢的游戏各不相同，对语言的使用也是如此。小女孩喜欢结伴而行，通常是两两玩耍。她们通常以最好的朋友为社交生活的中心，在分享秘密的过程中形成亲密的友谊。小男孩则倾向于在更大的群体中玩耍，通常是在户外，他们大多会出于争夺地位做一些事情，而不只是聊聊天。

通常来说，男性在即将步入职业生涯时，就已经习惯站在舞台中央，讲故事、讲笑话、夸耀自己的技能、争论谁才是"最好的"，通过某些行动来寻求自己的地位。[7] 而女孩通常习惯于强调亲密关系，并以建议而非命令的方式表达她们的偏好。至于女孩的自我夸耀，算了吧——那有什么好谦虚的呢？[8]

几年前，这些性别差异在校园课间休息时得到充分体现。现在，这些性别差异又转移到了整个职场和数字世界中。

想想企业环境中那些有影响力的、成功男性的模板吧！他是电影《华尔街》中的戈登·盖科（Gordon Gekko），也是《广告狂人》(*Mad Men*)里的唐·德雷柏（Don Draper）。他声音低沉、信念坚定、肢体语言充满了领地意识，跟同龄男性互相讲笑话、碰拳、恶作剧，显示出一种幽默感。在团队中，他们大胆地提出自己的想法，经常毫无顾忌地窃取同事的想法，为己所用。

与男性相比，女性通常会找地位相当、属于小群体的女性同伴（或者找一个最好的朋友），更倾向于亲密的友谊。她们是《金装律师》（*Suits*）里的唐娜（Donna）和瑞秋（Rachel），或是《广告狂人》里的琼（Joan）和佩吉（Peggy）。她们不太可能去讲笑话或搞什么恶作剧。有权势的女性不一定是房间里讲话声音最大的，但一定是最聪明、最够格的。通常情况下，女性的地位和权力越高，她学会的传统男性肢体语言和交流方式就越多。不过，不管女性在公司的地位有多高，女性仍然比男性更有可能通过建设好团队来获得成功（这是她们终生的习惯）。

传统的性别差异如何在我们的数字世界中显现出来呢？我们又能做些什么？

承认你的性别偏见

想想社会规范中的一些性别刻板印象吧！比如，你收到一封女性发来的邮件，内容简明扼要切中要害，没有任何亲切的语言。于是你就下结论：她专横、专断，可能不好打交道。如果你又收到一封邮件，但这次是一位男性发来的。它同样简明扼要切中要害，没有任何亲切的语言。你的结论却是：他自信、负责，不会乐意忍受傻瓜。简而言之，根据发件人的性别，同样的邮件可能会引起不同的反应。

我们不能将无意识的性别偏见完全归咎于个人。事实上，很多因素我们无法控制。哈佛大学的内隐项目工作组是一个致力于向公众揭示内隐偏见的非营利组织，该组织对内隐偏见的定义是：人们不愿意或不能公开的态度和观点。例如，你表面认为女性和男性在科学知识方面应当是旗鼓相当的，但你的潜意识可能和其他人一样，认为男性和科学知识之间的联系比女性和科学知识之间的联系更紧密。[9]没有人不带性别偏见，即使是女性，即使这些偏见与我们所说的"观点"相矛盾。尽管如此，如果能了解这些性别偏见出现的时间和方式，以及产生性别偏见的更深层次的原因，就有助于我们在工作场所建立更好的协作关系。

在数字肢体语言的世界里，性别偏见是什么样的呢？以下是一位经理在工作中收到的一封电子邮件回复：

桑德拉（Sandra），我很喜欢这个白皮书！！！
——M，xx

看到邮件，你的第一反应是什么？

你认为这条信息是男性发的还是女性发的？

这肯定是一位女性，对吧？你已经解读了一系列无意识的线索：通过额外的感叹号来增强情感，或者用笑脸表达友好，用缩写"xx"表示亲吻（顺便说一下，无论男女在工作中都很少使用它），毫无疑问，这些线索可以确定这封邮件是由女性写的。

请注意，以上信息完全没问题，但我们中的许多人会无意识地认为它是由"女性"写的。如果我们对信息发出者做了超越性别的附加假设，就会出现问题。

并非说我们对数字化工作场所里的女性没有做积极假设，积极假设的确存在。例如，人们通常认为，女性发送电子邮件会更慢但更完整，她们会更充分地听取别人的反馈，回答之前所有的问题，并预留好回复信息所需的时间。研究表明，女性在网络交流中比男性更善于表达。作家伊丽莎白·普兰克（Elizabeth Plank）说得最好："即使在谈论一个我想纠正或解决的问题，我也觉得自己应该表现得友善、温和、积极。当我想让别人做某事时，我觉得自己需要用女性语言来美化它（加上感叹号、表情符号、动图等），这样我就不会给人留下尖酸、刻薄或其他有关女性的刻板印象。但男人就可以很直接地表达，女性通常没有这种特权。"[10]

相比之下，数字环境中男性和别人沟通时更简短、快速、就事论事，内容往往只包括一句"询问"或事实性信息。绝对不可能出现任何亲昵的表示！他们的问候语也不可能是"亲爱的吉姆"，因为这样显得过于亲切，而是把话缩短为"吉姆"或简单的缩写，如"某兄"。男性很少使用表情符号，并且通常认为没有必要使用额外的标点符号。

如果在大多数数字沟通中和职场中，大胆、自信、男性化的交流占据了主导地位，那么会话规范就会变得直截了当、充满竞争。大多数男性都认为这是博弈的一部分。与此同时，交流直接的自信女性则会被人认为冷酷、无情或有所保留。

下面我将分享性别光谱上从男性到女性的不同风格的数字肢体语言的例子。我知道这些标签可能会让一些人有一种受到约束的感觉。但你不用把自己放在条条框框里，反而可以通过这些例子来挖掘自己的习惯和潜在的偏见。

男性的数字肢体语言

- 在各沟通平台间自如地转移对话。
- 避免使用表情符号或过多地使用标点符号。
- 确保信息简短，有条有理，切中要点。
- 在邮件中使用项目符号，邮件的主题清晰。
- 即使没有抄送的必要，但为了得到表扬，也常常把邮件抄送给上级。
- 使用加强语气的词汇，让信息观点更加明确（"总是""肯定""显然"等）。
- 回复速度较快。

女性的数字肢体语言

- 比起数字沟通渠道，女性更喜欢面对面的会议。
- 沟通时注重细节和礼貌，使用模糊语言（"可能""大概""我认为也许"等）。

- 使用大量的副词、非标准拼写和标点符号来表达情感（"呃——""？！？！？！""好离谱""不行哦"等）。
- 会反复阅读、检查。
- 回复速度较慢。

以下是朱莉和蒂芙尼（Tiffany）之间的短信对话，她们是老朋友了，这里是互相问候一下。来看看她们之间发生了什么。

朱莉：嘿

蒂芙尼：嗨。

朱莉：好久不见！最近怎么样？我们好久没聊天了。

蒂芙尼：挺好的

朱莉：工作怎么样？家里有什么情况吗？

蒂芙尼：很忙。

朱莉：天哪，你到底是怎么坚持下来的？

蒂芙尼：我挺好的。

朱莉：你收到反馈了吗？

蒂芙尼：没有

朱莉：好吧，那我等会儿再跟你聊吧……

蒂芙尼：回聊。

看到这段对话的男性读者或多或少都得出了同样的结

论：蒂芙尼很忙。蒂芙尼没时间聊天（男性在很大程度上忽略了任何与友谊深浅有关的迹象）。然而，大多数女性可能会持有不同的看法。蒂芙尼的话既没有模棱两可，也没有包含细节，还没有任何接话的意思——没错，蒂芙尼肯定是生气了。为什么说她生气了呢？我也不清楚。但是注意她们的话。

我们对男性和女性的沟通方式都有偏见和期待，但请记住，这些偏见和期待并不总是正确的。它们可能受到一些因素的影响，包括一个人的年龄、国籍或工作地的公司文化。一位客户告诉我："我的团队里有两个人，一个人讲话简洁，另一个人简直是'惊叹词之王'。我认为他们的风格更多受到年龄和文化的影响，而非性别。"花旗集团的一位高管莱恩（Laine）补充道："作为一名女性，我给一个主要由女性组成的团队写邮件时就很难，她们太热情了，和我平时说话的方式不符。"她解释说，自己平时说话更直接、更简洁。

要想在与不同性别交流时达到最佳的效果，这里有一些可供你使用的有力举措。

了解你的受众

可能你和大多数人一样，已经有了一套属于自己的数字肢体语言，但这套数字肢体语言在工作场合并不总是有效。在办公室文化中，我们每个人都需要弄清楚什么时候让我们的数字化风格大放异彩，什么时候要遵守办公室文化中明确的或隐含的期待。

有一次，我和一家财富500强制药公司的首席营销官杰克共进晚餐，当我们讨论他团队中的人才时，杰克特别提到了他的得力干将杰西卡，是一名27岁的办公室主任。杰西卡的工作之一是给所有团队成员分配任务。杰克非常欣赏杰西卡在面对面团队会议上自信的演讲风格和工作中的项目管理技巧。可为何她的数字沟通风格却是不冷不热呢？

杰西卡使用电子邮件时似乎有一个习惯，她会把她分配给其他人的工作以问题或建议的形式呈现。她会问："你愿意和甲一起做乙项目吗？"或者："我想让你参加乙项目，你愿意吗？？？😊😊"杰克担心杰西卡的沟通风格和语气会让人觉得她不成熟、对工作不确定、缺乏自信，甚至让人觉得她很容易被说服。

在年中评估对话中，杰克建议杰西卡在与员工的交流中改变态度，他说："如果你与团队中的男性交流时使用太多的修饰词，他们就会不拿你当回事。"杰西卡听取了意见，决定改变自己的语言风格，开始使用限定语句，如"我将尽可能具体"和"直奔主题"来简化冗长的话语。这个方法很有用，杰西卡调整了她的沟通方式，增强了自己的领导力。

如果你能从这个故事中有所感悟，请谨记以下几点。首先，我们有时需要调整自己本来的数字肢体语言，以和职场的风格保持一致；其次，很多我们默认的数字肢体语言很可能是自己从过去的工作环境和以前的人际交往中学来的（也就是说杰西卡也会把她新学到的自信的数字肢体语言带到下一份工作中）。不要认为那些在邮件中使用修饰词或模糊语的人不够成熟，这是不可信的。要认识到数字肢体语言的变化很可能是总结过去经验后得出的结果，只有当这种语言影响了一个人沟通的清晰度时，才应鼓励他去做出改变。

如何变得更自信？

- 不要过分致歉。（对此我很抱歉；希望我没有打扰到你；希望你不介意，但是……）
- 避免使用模棱两可的语言。（可能吧；我想也许吧；我猜；我不确定，但是……）
- 不要过分奉承或卑躬屈膝。（我知道你很忙；我能占用你几分钟时间吗？我知道你有很多事要做……）

如果你是团队中的一位中层成员，不妨问问你的同事是怎么理解你的消息的。他们的答案可能会让你大吃一惊。

杰西卡可能被告知说话要强硬一些，但更多的时候，人们建议职场女性说话应委婉一些。《哈佛商业评论》（*Harvard Business Review*）指出，女性只有成为热情、自信和有影响力的人，才能从自身的能力中获益。相比之下，有能力的男性不论是热情、冷淡还是介于二者之间，都会被看作自信的、有影响力的人。[11]

接下来，让我们以桑娅（Sonya）为例，她花了10多年才成为一家金融服务公司的经理。桑娅一直为自己的沟通能力感到自豪，可是为什么在评议会上她的老板会让她把自己直率、正式的电子邮件风格变得更加"友好"一些呢？原来是有些团队成员认为她的邮件风格有些专横。桑娅表示很诧异，因为自己每天要处理的邮件实在太多了，她不得不把回复变得快速简洁。

一名男性会受到这样的指控吗？很难说。桑娅开始调整她的语言："把这件事做了"变成了"我们试试这个方案吧"，"请尽快完成"变成了"我觉得时间线可以这么安排，你意下如何？"她还增加了感叹号和表情符号的使用。这些变化让她的信息给人以和蔼可亲、充满合作精神的感觉，而不再是居高临下、粗鲁无礼的感觉。从那以后，桑娅再也没有被指责专横无礼了。

这究竟是一个悲伤的故事，还是富有教育意义的故事呢？也许二者都是。在这种特殊的工作环境中，桑娅只能采用女性化的风格和语调，成为他人眼中开明、有包容精神的员工。

毫不奇怪，女性领导人对此观点各异。有些人认为，如果一个女人天生就是比较严肃的风格，那么她就应该忠于真实的自己；另一些人指出，一定的变通是成功的关键，即使这种变通会强化人们对性别的刻板印象。她们认为，如果一个女人想要变得更友好、不那么直接，如果她想让别人更好地理解她，那么就应该学会变通，除非她手握大权，有能力改变一些事情。

我个人很欣赏杰西卡和桑娅能够适应情况和环境的变化。我对男性也同样建议：即使是一位男性，也请大胆地在工作中使用表情符号或感叹号吧，尤其在可能会提高团队的参与度和信任度时更需要使用。打破刻板印象，人人有责！

2017 年，Facebook 上的一场对话走红，[12] 一群职场女性分享了她们刻意忽视"女性温柔"这种刻板印象的经历，她们进行了反抗，并觉得自己得到了解放。

> 不使用感叹号时，我会觉得自己在慢慢地远离情绪的爆发。
>
> 是我的日常了！！我思考用什么标点符号的时间要比真正撰写或编辑那些可恶的邮件的时间多得多。
>
> 哈哈哈哈哈没错啊，然后一天中的其余时间都在心怀愧疚或者疑神疑鬼。

领导应该为团队中的每个人创造可以做自己的空间，无论性别和身份，同时也要与客户保持适当的关系。团队成员也应该去寻找一个可以做自己、让自己表现得更好的工作场所。如果越来越多的工作场所变得更多样化、更具包容性，女性就不再需要为了成功而"示弱"。这个世界需要更多直来直往的女性和感性的男性！或者更直白地说，我们不能继续搞性别歧视了。

保持真实，做自己

如果你是一位在提出直接要求时迫于压力而展现温情的女性，你可以：

- 既展现出你的实力（直接提出要求），也表现出你的热情（附上简单友好的问候）。
- 发送的信息要简洁，但也要有框架性的陈述，比如"我会尽可能具体"这类话，以避免引起对方的强烈反应。
- 要直截了当，但也要解释动机。如"如果你能这样做，那么我会非常的感激。我们需要在下午5点前完成任务，因为产品明天就要上市了。"
- 以"送上衷心的祝福""感谢"或不加敬语的句子来结束对话。

如果你是一位长久以来一直在发送单调乏味信息的男性，你可以：

- 敢于在工作中使用表情符号或连续发送多个感叹号。
- 即使是通过短信沟通，也要使用像"谢谢"这样的词语来结束你的对话。
- 在会议中邀请女性发言，点赞她们的信息。

沟通规范化

一位领导者的团队主要由千禧一代的女性组成,她曾告诉我,她已经不再使用感叹号和表情符号,同时还让团队成员在所有邮件中使用"人物,事件,时间"这样的沟通模板。如此一来,就消除了令许多职业女性困扰的"细节需求",这种需求会影响团队的细心沟通。

与我共事的另一位领导制定了一条规则,邮件以"WINFY"开头,"WINFY"是"我需要从你这得到的信息"(What I Need From You)的缩写。这样做可以减少性别偏见,尤其对女性来说,她们就不必在倍感压力时还让自己表现得很好、很亲切,或者对向同事提出要求有所顾忌。

后来,有一名公关高管制定了一项规范,规定每项工作任务都必须在电话后写邮件,然后在 Slack 上发布相关的通告,消除了男性和女性因数字肢体语言风格不同带来的困惑。

一些男性开始提倡使用更直接的、不分性别的沟通方式。詹姆斯·费尔(James Fell)是一位写作风格直率、简洁的博主,他说,那些只了解他网上形象的女性见到他时,通常会感到惊讶。如果问她们最主要的区别是什么,那肯定是"你根本没我想得那么混蛋"。[13]

为什么费尔的女性读者会产生这种感觉?就是因为他从不用感叹号来表达兴奋之情(他只在表达愤怒或紧急情

况时使用）。在与女性编辑合作时，费尔注意到她们会在发给他的短信中添加感叹号（费尔往往会把感叹号删除），而男性编辑几乎不这么做。费尔痛心地意识到，女性经常将自己的"性别培训"投射到自己的工作中。他在一篇博客中写道："如果一位男性很直率，没人在乎他是否用句号来结束一句话。但女性在表达热情时必须使用感叹号，不然就等着主管来指责她'语气不善'吧！"[14]

别再低估你的文字了

每天，女性都会"被迫"表示自己的热情、友好，这种压力的现实表现形式就是模糊语。例如，许多女性会在短信和邮件中嵌入修饰词，让自己显得不那么严厉武断。最常见的例子就是在陈述观点之前要么加上"我认为"或"我想知道是否"，要么加上"但是我不确定"或"但是你怎么想？"这样的话，而实际上她们也许是完全肯定自己的观点，认为这就是正确的！

我也很难避免这种情况。有一次，我不得不联系一位客户，因为她逾期付款了。我先写了一封自认为很商业化的电子邮件，然后让我的丈夫通读一遍，每次处理重要信件我都会这么做。我的丈夫直接笑眯眯地否定了我的邮件。他告诉我："你不需要说'只是'。"（我说希望她一切顺利，加了感叹号！我告诉她我"只是"写信询问她逾期付款的情况，"只是"希望她能检查一下。）"你有话可以直说，不用小心翼翼的。是她欠了你的钱，知道吗？"于是我采纳了丈夫的建议重写了邮件，然后发送。最后，事实证明邮件中有没有修饰词结果都一样！

修饰词不会给你的信息增加价值

- 我个人觉得……
- 我感觉可能……
- 我猜……
- 我不太确定我的想法对不对，但是……
- 我认为……
- 我想我的问题是……
- 我只是……

我想更加注意使用模糊语，希望有一天能彻底解决这个问题，我无意中发现了一个名为"Just Not Sorry"（Google 的免费网络邮件服务）的 Gmail 插件，它会用红色删除线来突出电子邮件中模棱两可的语言。这是对现实的一次冷酷无情的检验，"Just Not Sorry"让用户将目光停留在划线的短语上，并解释他人会如何看待这些模棱两可的语言。好吧，它划掉的句子比我想象中多，它教给我的东西是再多的商业经验都带不来的。如今，我的电子邮件内容都是清晰直接的。

为未被听到的声音预留一些空间

要创建所有性别的心理安全,首先需要领导来制定公司的沟通规范(从渠道选择到会议礼仪)。让团队成员在最舒适的沟通渠道中拥有发言权,以此实现充分信任。

身为经理,如果你之前不知道,那么现在必须明白:人们往往需要在各方面感受到被显性重视,能与对方细心沟通。选择电话,电子邮件,还是私人或群组信息,短信,又或者亲自会面?我们可能意识不到,但沟通渠道的选择并不仅仅是基于它是否实用、是否快速,也传达了我们对听取团队中不同声音的兴趣程度。有些团队成员渴望在面对面的会议上发言;而有些成员则畏缩不前,更喜欢在虚拟聊天室中舒服地表达自己的观点。

仔细研究后,你会发现这样的差异与性别有关。下面是一些实用的方法,可以有助于放大那些未被你听到的声音:

多渠道收集意见

数字沟通可以创造优势,克服意识上(往往也是现实存在的)对女性的偏见,这些偏见使我们中的许多人感到拘谨,不敢表达。卡内基梅隆大学(Carnegie Mellon University)的研究表明,女学生更喜欢在网上而不是办公室里向教授提问。[15] 同样,根据我的经验,公司低层的女性更愿意在电子邮件中发表自己的意见,而不愿意在面对面的商业会议上发言。

正如语言学家内奥米·巴伦所说，数字沟通对女性来说有一个重要的功能："在网上打字交流，可以让你扮演任何自己想要的角色。你不仅可以隐瞒自己的性别，还可以隐藏自己的口音或方言。"[16] 巴伦还提到，数字沟通还可以让女性避免遭遇一些令人不舒服的冲突，因为传统意义上来说，音色是判断自信程度和领导水平的标志，而基于文本的沟通消除了音色的重要性。在男性为主导的工作场所中，数字沟通为女性分享权力和决策提供了一种有效的、甚至是前所未有的方式，可以平衡竞争环境中的性别不平衡。

不过，关于年轻的问题，甚至是"女性温柔"的问题仍然存在。我对这两个问题都不陌生。当我10年前刚开始创业时，我才30出头，刚开始接触领导力思维这个领域，而这个行业里大多是年纪较大的白人男性。我开始注意到，当我用电话或电子邮件向高级管理人员推销我的服务时，我的业务量是我在面对面会议时的两倍。

这难道是我的错觉吗，信任不应该是当面建立的吗？后来我得出的结论是，我年轻的面孔和不太合群的肢体语言引起了年长主管的偏见。在面对面的会谈中，我听到了更多诸如此类的问题："你做这行有多久了？"或"你能给我更多的客户实例吗？"可在电话中，我却很少听到这种质疑。即使在视频通话中，屏幕前的我看起来年龄并不大，我的想法比我给人的视觉感受更重要。我们会讨论我计划提供的内容和我能提供的价值，更重要的是，我总是能协商出更合理的费用。如今，我仍然会开展面对面的会议，特别是针对还没见过的新客户。但经验告诉我，用打电话或发电子邮件的方式来跟进工作，可以化解潜在的性别偏见或性别歧视，因为潜在的客户不会受到视觉暗示的干扰。

总之，正如前文所说，不论在线上还是线下，女性都是一个团结、健谈的群体。同样，她们也会使用私聊信息来发泄情绪，（用表情）翻白眼或调侃男性。《石英》（*Quartz*）杂志的记者利娅·费斯勒（Leah Fessler）曾写道："女性在群聊中会面临引入话题或者缓和气氛的压力，但在私聊信息和私人圈子中就不会。"[17] 费斯勒还补充说："私聊让我也变得更直接、更自我。"[18] 很多女性表示在她们与同性交谈时会更自在。费斯勒还注意到，当女性进行编辑讨论时，存在正向强化的差异，她指出："女性从来不会否定同事的想法，也不会把自己的观点强加给团队其他成员，无视之前的意见。她们会提出一些问题（有没有什么办法既能明确表示不合适同时又不惹人生气），并向有经验的同事请教（这似乎是 @aimee 会感兴趣的事情）。"[19]

在选择主要的沟通渠道之前，领导应该询问团队中的每个人，问问他们更喜欢哪种方式，或者直接提供不同的选择。在开会之前，使用投票或调查的方式来收集团队成员的初步想法。"你认为哪个平台最适合讨论这个问题？是电话会议、Zoom还是其他平台？"如果你不是团队领导，可以主动询问老板的偏好。一家公司的副总裁曾经告诉我："我第一次见到新老板，就会询问如何才能与他们更好地沟通。你要了解他们的个人偏好，根据他们的风格进行有效的沟通，调整自身角色，帮助构建企业文化。"

把话筒传递下去

我认识的一位高管曾经进行了一项为期1个月的实验，调查女性与男性在会议上发言的频率。调查结果显示，男性首先发言的次数更多，数据上的差异令他震惊不已。从那时起，他就努力在会议上呼吁女性发言，以拓宽整个公司的视野。

博主兼企业家阿尼尔·达什（Anil Dash）尝试了其他方法。他使用推特分析工具来确定他的关注者的性别（关注者超过100万），结果他发现关注他的女性和男性比例大致相同，但他转发男性评论的频率是转发女性评论频率的三倍。

于是他做了一个实验。

在整整1年的时间里，达什特意转发女性的评论，尽可能放大各种声音，并建议其他人也进行同样的尝试。[20]

达什说:"如果你有心的话,就尝试留意你放大、分享的声音……我们在这些社交网络上花了很多时间,完全可以通过一些简单的小行动来纠正我们在其他社交媒体上看到的错误。"[21]

他得出了什么样的结论呢?"大致来说,我发现只有在男性主导的对话中,比如讨论苹果的产品,我才需要考虑这个问题。但在那种对话中,我也能听到一些女性的观点,这些观点同样很好(甚至更好)。我可以去放大她们的声音,而不是像往常一样产生怀疑。"[22]达什也注意到了他所讨论的包容性:"过去的1年里,我在推特上与女性,特别是与有色人种的女性的对话多了不少。"[23]

当我想复刻这个实验时,我意识到我有跟达什相反的问题:在社交媒体上,我更多地去放大了女性而不是男性的声音。事实证明,我也可以变得更加包容。今天,我也更加强烈地意识到,我们要让不同性别、不同年龄、不同文化的人平等发声。

想想工作中的场景,无论你是在起草电子邮件还是准备团队电话会议,都要仔细考虑那些你需要放大哪些人的声音。你可能对你的听众做出哪些无意识的假设?请记住,正是因为我们对这些问题给出了答案,我们在工作场所中沟通的清晰度和理解水平才能有所提高。

不要使用带性别歧视的语言和图像

"包容性语言比我们想象的更重要。"我在电话、电子邮件、短信和现场会议中经常说这句话,想都不想。也许这就是问题所在。在为这本书调研期间,我意识到我在无意中把团队中的女性排除在外,这是怎么回事呢?

我并不是个例。今天的许多常用习语更加男性化,至少在工作场所是如此。[24]知名科技公司Buffer的团队开始越来越注意他们使用的语言,并专注于如何提高包容性。随着Buffer公司的发展,雇员不断增加,领导层发现申请开发人员职位的女性比例非常低,还不到2%。[25]为了做出调整,他们意识到需要修改工作描述。他们在工作描述中发现了像"黑客"这样的排他性词汇,首席技术官苏尼尔·萨达西万(Sunil Sadasivan)甚至与团队讨论要把这个词彻底换掉。

他们提出的替代词不仅有创意师、工程师、开发人员,还有产品设计师、制造师、工匠、建筑师和代码实验员。Buffer最终得出结论:"工程师"听起来最中性,而"开发人员"听起来最友好、最清晰、最具包容性。企业描述从"我们是一家重要的工程公司,拥有许多重要的客户"转变为"我们是一个工程师群体,拥有许多对我们感到满意的客户"。求职条件也从"在充满竞争的环境中独立工作的能力"转变为"在团队中良好协作的能力"。[26]对Buffer来说,这一切的转变就是这么简单。

再看看 Textio 公司，该公司利用客户的招聘数据来帮助一家企业确定其语言是否存在性别上的差异。例如，Textio 认为"努力工作，尽情玩乐"是男性化的语言，"我们重视学习"是女性化的语言。[27]"执行力""详尽地"这样的词汇偏男性化，而"透明感""催化剂"等词汇偏女性化。[28]

一些公司使用 Textio 的产品来精心设计更具包容性的语言，后来，申请这些公司工作的女性增加了 23%，相比被以前的职位描述吸引来的求职者，25% 的新求职者更适合这些岗位。[29]

使用更具包容性的语言也意味着我们要注意并抵制刻板印象。2019 年，知名律所宝维斯（Paul, Weiss）在领英（LinkedIn）上发布了一张新成立的合伙人团队的合照，却引发了一场争议，《纽约时报》甚至专门就这件事情写了一篇文章。[30]

为什么一张合照会引起轩然大波呢？因为照片里一共有 12 个人，其中 11 个都是白人男性，唯一的一位女性还出现在照片底部的角落里。正如公众的反应一样，在当今社会，这是不可取的。东芝（Toshiba）、日本电气（NEC）、喜力（Heineken）等公司的近 200 名法律总顾问和首席法务官在推特上发表了一封带签名的公开信，呼吁宝维斯律师事务所和其他律师事务所尽快增加其包容性，否则他们将面临失去业务的风险。[31] 值得赞扬的是，宝维斯律师事务所公开道歉，同时表明，他们会采取一些措施，让他们的合伙人更加多元化。

请记住，演示文稿中的图片、公司网站上领导团队的照片，甚至为视觉演示选择的颜色，都会影响我们对一个企业的印象是排他还是包容。

拒绝"数字男性说教"

女性在成长过程中大多习惯于建立共识，而很多男性却并非如此。男性即使缺乏专业知识，也被鼓励以权威的口吻说话，而这也影响到他们的网上行为。澳大利亚作家及女权主义者戴尔·斯彭德（Dale Spender）把男性试图向女性"解释"一些事情（实际上，女性对这个话题的了解可能比男性多）时常常摆出的居高临下的姿态称为"数字男性说教"。[32]许多男性就是习惯在谈话中抢占更多的话语权，如果有女性在场，他们要么打断女性说话，要么直接抢话。

在数字化的工作场所，"数字男性说教"这种行为只会被放大。利亚·费斯勒在《石英》上发表了一篇名为《你公司的聊天群很可能存在性别歧视》的文章，她在这篇热门文章中指出，男性更有可能将自己的观点当作事实来陈述，他们会发送一个文章链接却不做任何评论，有时甚至没有上下文。相比之下，女性通常会解释为什么她们要发送这样一个链接，比如"根据我们之前关于气候变化的谈话",或者用另一种方式来解释为什么她们认为对方会对这个链接感兴趣。Slack 的一位女性用户在谈到其男性同事时说:"他们就甩一个链接,只是因为他们对这个内容很感兴趣,所以要分享给我们。同时,他们以为你收到这份'礼物'会很感激,然后就径直走开了。"[33]

我是 Facebook 专业演讲小组中的一员。在这里,男性组员和女性组员平均分组,每隔一段时间大家就会聚在一起分享建议。组里有一个人叫丹(Dan),他从不回答任何问题,从不参与讨论,却经常发表自己的观点,他只是想要一个欣赏他的观众。我们都知道要避开他,不把他的行为放在心上。从丹和其他一些人身上,我发现"数字男性说教"不仅仅是打断别人,也是一个人在语气和风格上传达一种不可动摇的权力。

数字语境下的男性说教

"数字男性说教"包括:

- 忽略同事发来的邮件,事后把邮件内容作为他自己的想法提出。
- 向上级提交团队工作,既不抄送也不提及团队成员;在总结成就时用"我"而不是"我们"。
- 在电子邮件中对同事使用掩饰性或居高临下的语言("干得好"或"哇,不错!"),暗示他处于一个领导角色,而事实上他没这个能力。

- 无缘由地参与小组讨论，否定同事的想法，强行推行自己的想法，忽略之前的评论或问题。
- 参加电话会议或群组信息对话时迟到，总是突然加入，还喜欢假装已经完全了解情况。

语言学家苏珊·贺琳表示，男性说教会长时间存在，这一点在互联网时代兴起时就可以预见。例如，在20世纪90年代初，贺琳加入了一个由1000多名语言学家组成的邮件讨论组。她回忆道："许多人声称，在网络上，性别和其他社会差异都难以判断。你不能分辨出谁是谁，也不能根据一个人的身份来评判他。"[34]但事实并非如此，贺琳所关注的网上讨论往往是争议性的。其中一个引起了她的特别注意，因为这个讨论在整个语言学界具有很大的吸引力，并吸引了许多来自男女两性的有价值的观点。"然而，这个讨论几乎全是男人在参与。"贺琳回忆道。[35]

贺琳想知道小组中的女性为什么会忍气吞声，于是进行了调查。当结果出来时，几乎所有的女性受访者都表示，她们不喜欢线上讨论的争论风格和语气，并认为参与其中不会产生什么有用的效果。贺琳在维基百科的文章中也发现了类似的讨论，[36]结论是很多人（尤其是女性）已经知道的，即"那些参与讨论的人，不管匿名与否，都使用粗鲁和骚扰性的语言。对许多女性来说，这样的环境就算不是赤裸裸的恐吓，也令人极为反感"。[37]

那是否有"女性说教"这个概念呢?这种概念是否在两性中都存在呢?

至少对我来说,我觉得是有的。比如,每年我们家都会计划一次集体度假。几年前,在我事业特别繁忙的时候,我丈夫主动接替了我的传统职责——"首席休假官"。虽然我勉强同意了,但并不看好他。

在接下来的几周里,我一边继续我的工作,一边检查他提出的每个度假方案。他是否确认过酒店有无免费早餐,是否有预订房间的照片?——等等,我是在进行男性说教吗?不对,我是在进行女性说教吗?没错,我是在进行女性说教。我自以为我的计划和想法更好,便打断了他的计划和想法,一切按自己的来。即使我们意见一致,我也坚持要更大声地说出来。是的,我可以是一个事必躬亲的、无所不知的人,这些特征不正是男性或女性说教的特征吗?

有没有办法能让人停止说教呢?当然有呀!通过对发言人和发言时间的严格把控,可以阻止"数字插话者"占据电话或视频通话。伦敦卡斯商学院(Cass Business School)组织行为学专家安德烈·斯派塞(André Spicer)建议:"要遵循良好的主持礼仪。开场白可以是'这是会议目的,这是我们的时间,我们预计在每个项目上花这么多时间',以上是我们鼓励的分享形式。"[38]只要清楚谁在信息、电话和会议中"声音最大",就能帮助你指导团队自信合作,确保每个人得到足够的发言时间。

数字化的工作场所削弱了多年来传统的性别偏见。女性可以更加果断，男性也有新的空间来展示温柔和感情。但同时，一些传统的性别规范也被放大了，比如女性仍然觉得需要"被人喜欢"，所以在数字沟通中使用更多感叹号和修饰词。也许数字沟通带来的最大的好处是，我们的数字肢体语言提供了一面视觉镜子，反映了长期以来在不同性别间交流时出现的情况。看着这面镜子，我们可以问自己：我怎样才能做自己？

第九章
代际沟通
老派与新派

+

一次,一位女性客户(比我年长10岁)给我发来一封电子邮件,内容为:"30分钟后谈谈?"

我回复道:"可以现在就谈或2小时后再谈。"

随后她的答复极其简单:"2。"(没错,2的后面跟着一个句号)。对此回复,我感到十分诧异。

难道我把生意搅黄了?但我们一直聊得挺好的,依然维系着业务关系呀!

我后来才发现,其实这位客户在数字2后面加上句号仅是出于职业习惯。那为什么我会对一个小小的句号感到诧异?因为我的年龄比这位客户小。

显然,出生于不同年代的人所使用的数字肢体语言不同，对同一数字肢体语言符号的解读也不尽相同。一位30岁的女性和一位60岁的男性可能对同样的短信内容有各自不同的理解。一代人用来传递喜悦、表示关心的表达可能在另一代人看来是不成熟或粗鲁的表现。

通常情况下，这些分歧源于对彼此特定的数字肢体语言信号和暗示的不熟悉。

"数字原生代"因在成长过程中惯常使用数字肢体语言，通常会认为他们熟悉的信号和暗示对大部分人来说也是显而易见的。但事实并非如此！不是成长于数字环境的人群不得不进行后天学习，而且对许多人来说，难度与习得一门第二语言不相上下。

"后天数字适应者"可能将"数字原生代"视为"技术娴熟的多任务处理者"：能够做出重大贡献但存在"沟通缺陷"。[1] 这里的"缺陷"是其依赖于远程工作，采用非正式且有技术支持的沟通方式造成的。如此一来，"数字原生代"便难以理解现实交流中的肢体语言。但同时，"后天数字适应者"同样存在"沟通缺陷"，他们不擅长使用有技术支持的沟通方式。[2] 由此可知，"后天数字适应者"和"数字原生代"之间的区别并不仅限于年龄。我遇到过28岁的"后天数字适应者"，他坚持与人面谈。我也遇到过50岁的"数字原生代"，用短信回复电子邮件和语音信箱留言。

我的一位客户曾向我抱怨过她的销售代表，是"数字原生代"。在公司会议上,这位销售代表读不懂客户的肢体语言,拒绝眼神交流,无视客户的面部微表情,而这些微表情正向其发出事态不对、客户流失的警告。他习惯用"所以……"作为陈述自身想法的开场白,但这一表现正反映了他在现实交流中杂乱无章、缺乏专业性的思维方式。

类似的案例还有很多。比如一家大型金融服务公司的初级银行柜员难以应对客户提出的一系列问题。不是因为他们偷懒或业务不精,而是因为他们不会使用"新技术"。他们中的大多数人从未使用过移动电话,甚至没有听说过固定电话。他们对如何与陌生人交谈毫无头绪,让客户继续等候是否合适?若客户生气了怎么办?终于找到团队服务倦怠的原因后,银行经理对团队成员进行了客户服务相关的礼仪培训。自此,团队业务进展得更加顺利了。

从小,我就被教导如何礼貌地接听电话,即使电话不是打给我的,也要留下口信。直到我雇用了"90后"职员,我才意识到现在的年轻人根本不懂这些。例如,我们的一位新员工萨姆便不善于记录通话信息:

萨姆:有人打电话来。

我:谁打来的?

萨姆:鲍勃(Bob)。

我：爱达荷州的鲍勃，还是明尼苏达州的鲍勃？

萨姆：我不确定是哪一位……

我：他说了什么？

萨姆：他让你给他回电话。

我不得不给两位鲍勃发去邮件，才能知道是谁打来的电话。对领导来说，熟练掌握不同的沟通方式是一项必备技能。一位科技公司的高管指出："即时信息和短信是公司各个层级年轻同事的沟通方式，这些方式是我后来才接触到的。他们的'我们晚点再聊'通常是'我们晚点再发即时信息'的意思。年轻人经常在三个对话框之间来回切换。我担心这样的沟通模式会让彼此的交流不够深入，但与此同时，我又必须适应这种聊天节奏，顺应他们的聊天习惯。"

走出你的舒适区

好的领导不仅仅能让员工行事规范有标准，还意味着能让员工愿意与不同数字肢体语言风格的同事进行互动。这种互动其实与了解三四种不同的语言或方言没有什么区别。

布拉德（Brad）是一家大型游戏公司的高级副总裁，也是一位"后天数字适应者"。他发现，自己手下的两位团队领导艾丽（Allie）和戴夫运营的两个Slack频道存在明显差异。"数字原生代"戴夫的 Slack 频道满是表情符号和表情包。而艾丽,一位 45 岁左右的"后天数字适应者",语言风格更加正式,并附有重点标注。布拉德称自己在艾丽的频道里就像在家一样自在舒适。尽管如此,他还是很快就接受了戴夫的风格。"戴夫是一个灵动真实的人,如果我强迫他'企业化',可能他的团队就不能保持兴奋和投入的工作状态。"他补充道:"我发现对自己来说,最好的办法就是尽量学习这种'方言',即使学习过程并不容易。"

我们要做出明智的决定:在决定调整团队中某位工作伙伴的沟通方式之前,需考虑一下此人的沟通风格是否会给团队带来利益。

当你不清楚自己的认知局限时,请寻求帮助

加州大学洛杉矶分校(University of California, Los Angeles)的传播管理学教授鲍勃·麦肯(Bob McCann)表示,当下,新型技术层出不穷,人与人之间的代沟越来越大。"每隔三周,就有一个新平台或新应用出现,要求我们必须做出相应的调整和改变。"[3]在实践层面上,这些新型技术的迭代意味着我们的沟通方式也会不断变化,其中就包括问候的方式。

不妨就电子邮件中不同问候语之间的细微差别来举例说明。对于"数字原生代"来说,"嗨"和"你好"是工

作场所中基本的问候方式。倘若打招呼双方年龄相仿，这两种问候语便略显正式，使人产生"对方是不是有点烦我"的困惑。"嘿"则是一种更加随意的流行问候语，既可以作为大多数对话的开场白，又能传达友好之意。同样地，"好的"是正常且友好的回复语，而"好吧"则可能传达出沮丧或愤怒的情绪。

除了以上情况，LMK(let me know，告诉我)和TL;DR(too long; didn't read 太长了，还没有读过)这样的简写对"数字原生代"来说十分常见，但"后天数字适应者"对此类表达则感到困惑不已。那么，你所在的团队是"数字原生代"多一些还是"后天数字适应者"占大多数呢？你所在的团队有统一的沟通规范吗？你更适应哪种沟通方式呢？

以下是"数字原生代"和"后天数字适应者"之间最常见的数字肢体语言差异：

如何判断自己是否为"数字原生代"？

若符合以下情况，你可能是一位"数字原生代"。

- 即使打电话沟通或安排面对面会议更容易，也会选择互发短信。
- 致电前先发短信询问对方是否方便（不会直接打电话）。在等待回复时，会发短信告知他人邮件已送达。

- 惯用短信或电子邮件回复别人的电话。
- 不读或不回复语音信箱。
- 一般会避免与他人打电话或进行面对面会议。
- 回复社交媒体上的发帖比回复电子邮件更快。
- 在信息中常用缩写字母,如 thx(谢谢)、LOL(太搞笑啦)、ttyl(晚点再聊)和 kk(嘿嘿)等。

若符合以下情况,你可能是一位"后天数字适应者"。

- 坚持与对方打电话或安排面对面会议沟通,而非发短信或电子邮件。
- 不常看短信(通常在 1 小时内做出回复)。
- 喜欢让别人再口头总结一下电子邮件中的要点。
- 语言和标点符号的使用都比较正式,会在电子邮件和信件最后签名。
- 发送的邮件内容冗长且不附带超链接和附件。
- 习惯发送简明扼要的信息,少做解释说明。例如:"我很担心。打给我。"

代际沟通中的渠道选择

代际沟通面临的另一难题正是沟通媒介的选择。性别不同的人喜爱的沟通渠道有所不同,生于不同年代的人也是如此。当然,"后天数字适应者"会接纳新型沟通渠道,可他们用的时候会带着旧习惯。例如,我父亲会发来篇幅很长的短信,以"亲爱的埃丽卡"开头,接着是需要滚动屏幕才能查看完的正文,结尾是"爱你的父亲"。通常,我在工作时无暇回复父亲的信息,但现在我能两者兼顾了。我会发送内容为"爸爸,我已收到短信,稍后给您打电话"。这样的回复虽有些呆板,但这是我和父亲都能乐在其中的沟通方式,我们也因此变得更加亲密。(我从未想过且永远也不打算和父亲好好地解释发短信不同于写信这件事。)

即使是电话沟通这样最基本的交流方式带来的效果也因人而异。例如,"后天数字适应者"很少将来电铃声视为一种干扰;相比之下,"数字原生代"则不习惯接到突如其来的电话,在他们眼里,这种行为颇为唐突,犹如猝不及防的警告。他们认为,对方应在致电前通过短信或电子邮件告知这一请求,或者通过日程邀请提前确定通话时间。"数字原生代"报出自己的手机号码其实是在含蓄地表示:我们可以短信联系。对"数字原生代"来说,相比接到新朋友突如其来的电话,更乐意收到他们的短信。对于"后天数字适应者"来说,短信交流却好像有些越界,容易冒犯他人,造成不便。

以企业培训师达纳·布朗利 (Dana Brownlee) 在《福布斯》杂志上陈述的经历为例。在一次研讨会上,一名50多岁的女性狠狠吐槽了她与团队沟通时面临的问题。她所在的团队成员年龄各异,其中的年轻员工从不接电话，只发短信或电子邮件。文章中形容这位50多岁的女性"陷入了一种几近疯狂的状态，她说着说着突然大喊：'不要再发短信了，给我接电话！'"[4]

同样的，"数字原生代"也对老一辈人惯用的沟通渠道感到不满。对他们来说，老一辈的方式不仅过时，还有碍于和同事之间建立良好的协作关系。30岁出头的经理布莱恩（Brian）说："我拒绝雇用在简历上还注明Hotmail（微软热邮）账号或Earthlink（地球连线，一家网络服务提供商，创立于1994年）地址的人。很明显，他们已然跟不上时代潮流了。"老一辈还可能接受年轻人的方式，但"数字原生代"则认为在当下的工作环境中，老一辈的方式过于老套，而且效率不高。

无论是"数字原生代"还是"后天数字适应者"，了解客户或受众的沟通渠道偏好都是至关重要的。阿黛特（Adette）是一家体验式设计公司的首席执行官，她曾聘请过一位销售管培师助力公司发展。这位管培师是一位年过半百的"后天数字适应者"。他不断敦促阿黛特的团队"要追着潜在客户打电话，安排会议。若未接通，就给语音信箱留言"。阿黛特对此持怀疑态度，因为公司的客户（大多数都是30多岁）倾向于用短信交流而非电话沟通，他们极有可能对来电置之不理。不出所料，给客户打去的电话全都无人接听，这位销售管培大师的策略毫无成效。最终，我们决定秉持最初的理念，在致电前先征得对方同意。比如，提前给对方发一封邮件："嘿，我一直试着联系你，给你留了语音信箱，但现在谁还会专门听语音留言啊！是这样的，我希望能有机会向你介绍一下我们公司新推出的服务项目。"阿黛特发出的邮件没有以"何时有空"这样的问题结束，而是借助 Calendly 日历程序预定会议。这样一来，彼此可供安排的时间一目了然，后续的工作也随之简化。在预订销售会议这件事上，互动越少反而效果越好。

从那以后，阿黛特便为她的跨代团队制定了全新的沟通策略。"有事请先发短信，再电话沟通。如果你在语音信箱留言，这条信息只会石沉大海。如果我因事未及时回复，可以发邮件提醒我处理信息。若事情紧急，请通过 Slack 联系我。如果信息内容复杂需要斟酌，请发邮件详细说明。"

阿黛特还为团队设定了一套适用于正式场合的语码转换规则。用她的话来说，这等同于文字的"变装盛会"。

"许多客户比我们年长，他们倾向于通过短信沟通业务，而我和团队成员却很讨厌这样的工作方式。因为它既没有纸质文件记录，还容易丢失。通过短信获批的预算若出错，可能会造成 5 万美元的损失。针对以上情况，我们的处理办法是：收到客户短信的同事会截取短信内容，将其附在电子邮件中并这样写道：'嗨，这是客户发来的信息，请查收。'除此之外，阿黛特还要求团队成员将邮件抄送给需要知情的同事，以确保信息一致。

同样地，我们有时也会不喜欢同事或上级共享信息的方式。"后天数字适应者"西尔维（Sylvie）向我抱怨她的同事（30岁）："他经常越级把邮件抄送给我们的老板，这种行为显然不大合适。有时候，他约好了时间与我沟通，却在谈话中途起身离开，因为有人给他发了即时消息告知信息。显然，他认为一旦从我这里获取了所需的信息后，便没有必要继续待下去了。殊不知，他的行为就是在羞辱我。"

面对面会议有助于和同事建立良好的工作关系，获取机会，有些"后天数字适应者"对面对面会议的消失深感惋惜。"从前，下级会来找我谈话而不是给我发即时信息。记得那时候，如果有人发起话题，同事们就会纷纷加入讨论。"

然而，"数字原生代"通常对面对面会议缺乏耐心，不愿过多地关注。一位"数字原生代"表示："每次我问老板一些具体的问题，他都要说好多好多。我不明白他为什么不用邮件回复，这样也好早点放我回去工作。"

数字化沟通中的代沟会引发诸多问题。个人可能会感到压力很大、丧失斗志、挫败无力，最终导致员工离职。公司可能会因此导致生产力下降、创新能力减弱、集体归属感缺失的情况。

那我们应该如何应对呢？首先，我们不妨问问自己：

让"数字原生代"或"后天数字适应者"都忠于自己的沟通风格会带来什么风险?如果它触及了沟通底线或有损客户对公司形象的认知,那么我们最好尽快就代际沟通设立统一的沟通规范。事实上,确立统一的沟通规范能活跃团队成员,又不造成商业损失,那何乐而不为呢?

* * *

> 有效数字肢体语言使用的关键在于调整沟通方式。当然,这并非意味着要一代人去迎合另一代人的"口味",而是为了满足手头任务的需求。

* * *

语言的正式程度是"数字原生代"和"后天数字适应者"在语言风格上的一个关键区别。据 Grammarly(一家提供在线语言校对和写作辅助的专业机构)开展的一项研究:35 岁以下的员工被认为语气太不正式的概率比 35 岁以上的员工高 50%。尽管不少年轻员工表示,他们会花时间斟酌邮件语句的含义、语气和语法。[5]

为什么会出现这样的情况呢?首先,我要指出一条经验之谈:每个新型非正式沟通渠道(短信等)的出现都意味着先前的沟通渠道(如电子邮件)会在很短的时间内被取代。至少在"数字原生代"看来,先前的沟通渠道就过于正式了,低效且使用不方便。在他们看来,电子邮件是一种正式的沟通渠道,因此,他们会在邮件中附加一些如"祝您周末愉快"的句子以表正式。他们的问候语也可能是"亲爱的叶德林（Ettling）先生"，落款也会附上表示敬意的句子。因此，当年龄稍长者用友好的小玩笑回应时，会引起"数字原生代"的不快。一位"X世代"（多指出生于1961—1976年的人）的前辈告诉我，她在给一位年轻同事发的电子邮件中用了"小可爱"这个词，不料收到了对方"您这样的形容让人很不舒服"的回复。

而对于年长的领导者来说，电子邮件是一种非正式的沟通方式，在与年轻同事沟通时尤为如此。花旗集团（Citigroup）的一位高管指出："虽然我并不习惯讲什么俏皮话，但在给年轻员工发邮件时，我会刻意地'花言巧语'，在邮件中用上两个'拥抱'的表情或在邮件开头用'嘿，近来如何？'打招呼。但在和年龄稍长的员工交流时，我会自然地略去这些内容。"

显而易见，保持关注并刻意学习有助于弥合代际数字肢体语言的鸿沟。特里西娅（Tricia）是一家科技公司的人力资源主管，她告诉我，"数字原生代"和"后天数字适应者"之间的语言风格正式程度、对组织层级的看法和个人自信度各不相同。"作为'X世代'，我在与'千禧一代'共事的过程中，对自身有了越来越深的了解。比如在层级制度和人际关系两方面。在我职业生涯的早期，对于那些高级别的会议，我会选择等待与会通知。然而，在近5年里，80、90后会直接询问自己是否需要参加会议,而不是默默等待被邀请。起初我觉得这是一种烦扰,后来却让我受益良多。事实证明,接触高层对员工来说是颇具价值的一件事。我得调整自己对公司层级制度的惯常看法,这样做既有利于自身发展,又能帮助团队成长。"

特里西娅继续分享有关视频会议文化的前后变化。2020年,公司转向远程办公时,公司有些员工在镜头前表现得相当随意,毫不在意自己的视频背景。她表示:"曾有员工在与客户进行视频会议时,背景杂乱,表现得相当不专业。但同时我又在想,这是否为一种偏见。"现在,在与外部或客户进行视频会议时,特里西娅会提醒员工必须调整视频会议的背景。在与公司内部伙伴视频通话时,可适当放松要求。"我们必须乐于接受新模式,了解人们适应哪种沟通方式,还需明确讨论的时宜。我如此规范工作行为,或许是受到时代的影响,也或许是出自一种人力资源部门工作人员的自觉。"又或许,两者皆是!

同理,"后天数字适应者"乐于使用新型办公软件,比如Zoom。特里西娅告诉我,起初,公司的许多员工都会犹豫是否要加入Zoom视频会议。"对此,我不确定那些犹豫的员工是认为无须进行视频会议的"数字原生代",还是认为视频会议十分重要的"后天数字适应者",又或者完全相反?渐渐地,公司有一半的员工加入了这个平台。事实证明,当在线视频会议发展到某种程度时,人们似乎就变得乐于接受了，不再抵触这一新鲜事物。这对于'数字原生代'和'后天数字适应者'都颇具意义。"

特里西娅还记得自己第一次在电子邮件中使用表情符号的时刻。对她来说，这个时刻代表了自身沟通方式向"数字原生代"靠近。最终，表情符号成为她邮件中的常用表达方式。她说道："我还曾将本该使用感叹号的地方特意改成表情符号。"

阿黛特发现，如果团队成员均为"数字原生代"，友好随意的沟通风格能够让沟通变得更有效率，但这并不代表毫无风险，有的时候团队成员会不知道什么情况该正式起来。"虽然员工们与高级合伙人的交流友好、随意，但是我们必须恪守相关礼节，不然会引起'滑坡效应'。比如，在公司内部，你不能仅凭一条短信就请假一天，得按请假的流程来。最近有一位新员工，从团队成员那里了解了公司的沟通文化后，给我发来了第一封电子邮件。邮件中，她向我打招呼——'嘿家人'。我着实被这句问候吓了一跳，因为她加入团队只有几星期。还有一次，一位团队成员告诉我，我在会议上做的专题演讲'太过正式'，不如进行一对一谈话。"显然，阿黛特的团队成员没能明确沟通的界限，更不知道自己是否已经越界。于是，明白问题出在哪里后，阿黛特就造成这一系列问题的行为做出了规范。

拥抱表情符号的革新

对于"数字原生代"来说,表情符号并非只是为了好看,而是自成体系,能够传递人类复杂的情绪。我建议团队沟通可以充分利用表情符号。在合适的情景下使用表情符号,既没有轻浮之意,还能弥补言语中缺失的意图和背景,使信息传递更加有效。

在企业云软件公司 CircleCI,公司制定了使用表情符号的相关政策,Slack 中的不同信息以不同的表情符号为标志。例如,泰迪熊的小表情代表会议开始,"大拇指"代表团队获胜。[6] 这些清晰的视觉符号使团队成员更容易找到与自身工作相关的信息。

如今,约有三分之一的年轻人在与同事、经理甚至高管交流时,不会对表情符号的使用感到不安。[7] 在 35 岁及以上的人群中,超过 60% 的人认为自己称得上是表情符号的频繁使用者。[8] 所以,如果你的母亲甚至祖母在她的脸书评论中添加了一个心形的表情符号,切莫感到惊讶。

尽管如此,仍有一些人抵制使用表情符号。一位出生于"婴儿潮时期"(尤指第二次世界大战后的生育高峰期)的"数字原生代"客户坦言,看到年轻员工发来的电子邮件中出现表情符号时,他的第一个想法是:"连一个完整的句子都写不出,对方一定不是注重细节的人。"而我建议他应该试着接受年轻人的沟通习惯。虽然表情符号可能不适用于任何面向客户的沟通,但在其他情况下,表情符号还是有存在的价值。

事实上,维珍酒店(Virgin Hotels)曾进行过一项调研,探究新员工不关注公司内部新闻推送的原因。事实证明,相比文字,一些"数字原生代"更喜欢使用符号。比如,他们更倾向于发送一个竖起大拇指的表情,而不会直说"我喜欢这个提议"。[9]接着,维珍酒店着手做了一些调整,效果甚佳。他们不仅设置了推送,提醒员工即将到来的活动,还增加了颜色对比度和图像来吸引员工的注意力。结果如其所愿,新员工的参与度直线上升。

确保代际沟通顺畅的关键是了解各类人群的沟通偏好,知道何时需调整自身沟通方式以满足他人需求,以及何时需要保持适当的边界感。我可以保证,就不同的沟通方式进行充分讨论、坦诚对话,一定能产生意想不到的效果。

第十章
文化
差异与碰撞

我永远都不会忘记我和我丈夫两家人第一次见面的情景。当时我和拉胡尔在交往中,但还没有订婚。可以想象,我当时有点紧张。虽然我见过他的一些家人,但是没有经历过这种全家会面。不过,我想大家应该可以相处得很融洽,因为我们两家人多多少少都有些相似。我家来自印度的旁遮普邦,拉胡尔家来自印度的北方邦。我们都是印度人,能有什么问题呢?

那天晚上,我们两家人在一家餐厅见面,每个人都先做了自我介绍。当时的氛围很好,两家人热情友好、气氛轻松、食物可口,我们热烈地交谈着。虽然我注意到拉胡尔的父母似乎有点拘谨,但总的来说,我认为那天晚上过得很顺利。

"你觉得今晚顺利吗？"那天晚上我们单独在一起时，我问拉胡尔。

他停顿了一下，说："你觉得顺利吗？"

这听起来太奇怪了，让我一下警觉起来。"我觉得一切都很顺利。"我说。

"是啊，因为你的家人要求分摊账单。"

"什么？"我问道，他的声音中带有一丝讽刺，让我有点儿吃惊。

"我们家不会分摊账单。"拉胡尔说。

"天啊！但在我家，第一次吃饭时分摊账单是很平常的事。"我回答道，并突然感觉到有点尴尬。

我父亲向来非常慷慨，但是在第一次见面时，他通常选择和对方分摊账单。拉胡尔的家庭更传统，他们认为这是一种不尊重人的做法。现在，我和丈夫回想起那天晚上的情景，就不禁大笑，但是当时这件事教会了我一个道理：即使文化大环境差异很小，人们的沟通方式也各不相同。

想想以下情景：

- 诺拉（Nora）离开德国来到中国工作，她做好了应对日常交流中文化冲击的准备，但有一点她没能应对：在工作中，她的新同事要求她提供即时通信账户，而非电子邮件地址。偶尔诺拉收到了同事的一封电子邮件，她也会对邮件里的闲聊、微笑的表情和友好的问候感到惊讶不已，相比之下，她更习惯德国人那种直奔主题的风格。

- 萨姆来自英国，他和巴西的一个团队一起工作。他认为，在邮件中用自己的观点作为交付工作成果的开场白是基本的礼貌。比如："不好意思，这是……"或"我很抱歉……"等诸如此类的话语。然而，他的巴西同事说话较为随意，他们反而认为萨姆的语言令人反感。

- 约翰在加利福尼亚州北部工作，他给同事阿尔温德（Arvind）（在印度总部工作）发了一份工作请求。之后他发现阿尔温德的老板拉杰（Raj）非常生气，因为约翰没有第一时间和他沟通，约翰对此感到十分困惑。后来他发现，原来是印度人习惯事先询问老板是否允许员工挪出时间来完成其他工作。

我们甚至都没有意识到，我们的文化环境和成长经历对沟通风格有多大的影响。我们是跟着说英语的父母长大的吗？我们的同学或所在社区的文化规范是什么？我们会在适应周围文化的过程中吸收信息，将这些信息放在一起加以整合，就形成我们"自然的沟通风格"。当其他人的沟通风格与我们习以为常的风格不一致时，比如声音太大、太安静、太古板、太喧闹,我们常会对他们产生不好的印象,有时我们并没有停下来去思索导致这些的原因是什么。

举个例子,潘(Phan)在柬埔寨长大,12岁的时候移民到美国。她告诉我:"对我来说,因为我是移民,所以必须有意识地学习如何像美国人一样说话。"她在英语拼写和口语表达上都遇到了挑战,而在数字沟通中,困难就更大了。她说:"在电话或视频会议中,如果你不能立即在脑海中把你的想法翻译成英语并迅速地说出来,就不会有人等着听你发言。这是由技术引起的尴尬,仅是时间稍微滞后,都会使情况变得更糟。"

我们之前就发现茄子在不同的文化中代表完全不同的东西,甚至表情符号的含义也因文化而异。在美国,"微笑"的表情符号表示愉快,这令很多日本人感到十分困惑,因为日本人认为经常微笑是一种不太聪明的表现。[1]在中国,使用挥手的表情符号并不是表示你在"问候"对方,相反,它表示你在向一段关系"挥手告别"。[2]在中东国家,把手掌合在一起是一种宗教象征;然而在日本,它表示"谢谢";[3]在美国,人们常用它表示举手击掌。[4]

高语境文化和低语境文化

跨文化交际领域的专家一般将世界划分为高语境文化和低语境文化。高语境文化沟通方式含蓄,主要依赖非语言暗示[5]（地中海、中欧、拉丁美洲、非洲、中东和亚洲地区的国家都属于这一类）。相比之下，直接的言语沟通是低语境文化的标志，这一类包括大多数说英语的西方国家，例如美国和英国。[6]

要在高语境文化下获得成功，你的沟通必须符合传统的社会等级界限。工作同事之间也要能读懂言外之意，这便能够建立和维持长期关系，减少对数字化沟通的依赖。

如果你在高语境文化下长大，你就会发现面对面交流和电话交谈的现象非常普遍，这种交流会增进信任。但是如果你和我，和其他美国人一样，在低语境文化下长大，使用电子邮件和短信沟通时直奔主题，也能够建立人际关系。不过，我的意大利朋友奥利维亚（Olivia）总是开玩笑说我只用首字母 O 而不是用 Olivia 给她发信息，看起来就非常懒。

莉亚·约翰逊（Leah Johnson）是一名沟通战略顾问，在花旗集团和标准普尔公司担任高层工作多年，她讲述了在和日本这种高语境文化的国家做生意时遇到的一个挑战。"如果我要求日本同事做一件事，他们可能不会一开始就拒绝我。"[7]正如约翰逊发现的那样，即使日本人没有同意的意思，他们也可能不会直接拒绝。在日本文化中，当有人带着任务找到你，肯定的回复并不意味着你已经接受了这个任务，它仅仅表示你理解了任务的要求或对方的需要。（对美国同事来说，这简直是实现自信合作的一大障碍！）为了确定这个日本同事是否计划按照自己的要求去做，约翰逊需要对隐性的信号（沉默、换话题、甚至有人提出和问题毫不相关的解决方法）保持密切的关注。最后约翰逊了解到这一点，她养成了一个习惯，在打电话提出要求之后，她会和有决策权的人单独跟进工作（尤其是她在小组面前提出要求时）。她再也不会只发邮件了。

但是，在大多数说英语的低语境西方文化中，沟通引起的误会要少很多。比如，我们都会收到包含附件的电子邮件"请见附件"。这样的回复既简洁又高效，是吧？但是在高语境文化中，比如日本和中国，给某人发送一封简洁的邮件，可邮件中缺少语境信息或没有意识到发送人和收件人之间的等级差异，就可能会显得不尊重对方。

在低语境的西方文化中，人们常用电子邮件与人沟通，下至新员工，上至首席执行官，都是如此。在短信、邮件、电话和面对面会议中提出反对意见、质疑上级也更加普遍，而且是受到允许的。

凯蒂（Katie）是一家会计师事务所的首席执行官，她和中国的客户有很多业务往来。有一次，她告诉我，她认为和很多亚洲公司的领导层打交道是件很困难的事情。首先，所有的沟通记录都要抄送经理，以表示她对经理的尊重。"如果你越过你的直接领导汇报工作，越了一个或两个级别，就会受到责备。你要在所有邮件签名中都写全名，抄送栏不能只写'供您参考'这几个字，这样才能表示你尊重领导。如果你没有抄送你的领导，你的邮件自然便会被人忽视。"

在高语境文化中，显性重视是关键，即使是探讨很简单的问题，人们也更愿意打电话，而不是发邮件。总而言之，数字化的沟通渠道在高语境文化中的使用频率更少，尤其是在调解冲突、出谋划策和达成共识等方面。

研究表明，无论什么样的文化，最有效的沟通都是要简洁且直接。[8] 否则，人们一边阅读信息，一边找行动方案和要求，就有可能漏掉重要的细节。不论你是在高语境还是低语境文化中，总会有很多方法来润色你的语言，提高清晰度。

在高语境文化中，你可以把急需解答的问题作为邮件的开头，然后加上一小段帮助你和收件人建立关系的互动（比如：你的假期过得怎么样？）。和母语为非英语的人沟通时，尽量避免使用行话、隐喻或容易产生误解的俗语。

如何在高语境文化中沟通？

- 信息包含业务洽谈的每一个细节。
- 要求对方回复，确认工作任务。
- 汇报工作之前，可以先把相关信息抄送给领导或询问他们的意见。
- 内容可以包含一条与工作无关的问候。
- 在你询问事情之前，要先问候对方。

如何在低语境文化中沟通？

- 说话直入主题。使用项目符号和粗体文字来突出重要细节。
- 打算接受任务再答应。
- 不要在工作请求中混入与工作无关的内容。
- 确保信息在手机上是可读的。

如果你的团队在美国办公,千万不要忽略本章!在美国,数字肢体语言的差异无处不在,还有方言和口音。比如,在美国东海岸地区,人们说话都很直接,还习惯发非常简短的邮件,在其他人看来,就会觉得东海岸的人不够友好。当一个纽约人说"是的",表示他们赞同你的观点,但是如果他们说"不是",那意思就是请继续随意争辩!相比之下,你在西海岸几乎听不到一个明确的"不"字。你更有可能会听到:"我明白你的观点,但让我们考虑一下其他的选择。"在美国南部,我认识一个人在北卡罗来纳州工作和生活,他告诉我,当看到邮件或接到电话时,如果没有一连串的问候语作为开头,哪怕是一句简单的"你好吗"都没有,他就会感觉被人强迫了。相反,一位来自波士顿的人可能会坐在那儿思考,为什么刚给他发邮件的人不直奔主题呢?

沉默者也有话要说

"枪打出头鸟"是很多中国孩子很早就学会的一句格言。如果这些孩子在西方国家长大，这句话就可能被改成"有话就直说，否则请永远保持沉默"。

想象一下，如果 20 年的时间里，一个孩子在中国长大，另一个孩子在西方国家长大，他们在同一个团队中工作，谁更有可能明确表态，谁又更可能保持沉默呢？

无论是线上还是线下，保持沉默往往是影响跨文化沟通成功的巨大障碍。理海大学的管理学助理教授刘巴·内尔金（Liuba Belkin）说："在美国，我们不太喜欢保持沉默。我们把沉默理解成一种消极的方式，会花费很多不必要的精力去追溯记忆，试图回忆我们什么时候不经意地冷落了朋友，造成朋友对我们冷漠。我们会思考给客户发送的最新公报是否太过激进或太过温和。"[9]

可以看到，在低语境文化的美国，沉默可以是未回复的短信或电子邮件，也可以是主持人允许你进入视频会议之前的这段时间，可能会像收到坏消息后的沉默一样让人心情沉重，感觉有不好的事情要发生。然而，在高语境文化中，沉默一段时间却被认为是尊重他人的行为，因为这表示你在花时间思考刚才的话，并思考如何给出最合适的回复（沉默甚至是一种礼貌表达拒绝的方式）。[10]

学术界甚至研究过沉默在不同文化中的运用方式。荷兰格罗宁根大学在 2011 年做了一项双语分析，试图测量来自不同文化的人要花多长时间才会对会话沉默表现出不适。说英语的参与者表示，沉默时间达到4秒他们就会感到不安。[11]而说日语的参与者对会话沉默的忍受时间是说英语的参与者的两倍，超过了8秒。[12]

我有一次和萨姆交谈，他是一位领导者，管理一个全球远程工作的团队，成员分布在印度、菲律宾和柬埔寨。萨姆遇到了一个问题，他团队中的很多成员不是英语母语者，他们在电话会议中总是保持沉默，萨姆根本都不知道他们在想什么。萨姆习惯了来自美国的团队成员在小组会话中随意分享想法，但他发现来自东南亚地区的团队成员只是不习惯在会议中发表他们的意见，尤其是发表意见意味着打断他人说话或反对团队领导的意见。

萨姆做出了回应，解释说他想要成员进行富有成效的讨论，即使是一些不同意他的意见的观点。他重新安排电话议程，给处于不同国家的小团队成员留出时间，让他们说出想法。后来，萨姆更进一步，在每次电话中设定发表评论和提出问题的数量目标。久而久之，萨姆和他的全球团队找到了平衡，但这一切并不容易。

名字里面包含什么？

当埃丽卡这个名字出现在你脑海里时，是不是随之还会出现一个形象呢？大多数人在面对面会议时，发现我是一个印度女性后都会非常惊讶。实际上，大多数第一次见到我的人，都认为我要么是白人，要么是黑人，要么是混血儿。我的母亲给我取名埃丽卡就是为了避免误解和拼错名字的情况，这一点也困扰着我的姐姐达蓬（Darpun）。

这种先入之见曾经促使我的朋友拉杰什（Rajesh）向我坦白，他有"名字嫉妒症"。人们总是把他的名字拼错或说错，那么换一个名字生活不是容易得多吗？然而，当人们听到拉杰什说话时，他们还是吃了一惊。怎么从他嘴里讲出了带有爱尔兰口音的话？

如果你看到拉杰什这个名字，会自然地以为这是个印度人，你可能会察觉到，当我们素未谋面时，我们是如何感知和预判对方的某些事情的。拉杰什出生在印度，这证明你至少说对了一半，但实际上他在都柏林郊区长大。

假如你收到了两封邮件，第一封的发件人叫维诺德·苏布兰马尼安（Vinod Subramanian），第二封的发件人叫伊恩·理查兹（Ian Richards）。你的脑海中会不会出现包含他们角色、头衔和沟通风格的不同形象呢？如果你说不会出现，我不相信，因为我有研究做支持。如果你就是印度人，你可能会和维诺德发展成更加亲密的关系，如果你是美国人或英国人，那么你可能会和伊恩更加亲近。

实际上，在见面之前（如果有的话！），我们都对对方产生了无意识的偏见和期待。

* * *

当员工面对面会议的次数比以往更少，沟通距离比以往更远时，认识到我们的偏见和个人倾向是我们优化工作环境的重要一步。

* * *

你愿意那么说，我愿意这么说

利安娜（Leanne）是一位高管，有一次她告诉我，她每周会和团队打电话，呼吁大家提出一项新倡议。她的团队有四名成员，其中有三名是英语为母语的女性（一个英国人、一个美国人和一个澳大利亚人）。贾维尔（Javier）是一个阿根廷男性，他的母语是西班牙语。利安娜给贾维尔发即时信息询问，为什么他在电话中这么安静？贾维尔回复说，因为自己正费力地理解带有三种不同口音的英语。利安娜没有意识到这对于贾维尔来说是一件很困难的事情，于是她建立了一条新规则：从现在起，小组成员在电话会议中说话时都要放慢语速，结束电话会议之后写一封邮件，总结一下关键行动和后续步骤。如果有人在电话会议中需要进一步澄清信息，利安娜会要求他们给她发私人邮件。

误解他人说话的口音和音调变化是一方面，但如果误解了语法和标点符号会怎么样呢？几年前，我在印度工作时收到了一位同事发来的邮件请求，内容写得很简单："请做必要的事。"这句话到底什么意思？在印度英语中，这样说没有任何问题，它的实际意思是："请帮我完成这个任务。"我还在邮件中反复看到过这句话："我们提前（pre-pone）一下吧！"第一次看到这句话时，我回复："你的意思是我们的计划需要推迟（postpone）吗？"（我必须承认，当时我有点生气）。之后，我才了解到"pre-pone"这个词在印度很常用，它的意思是："我们需要重新安排一个更早的日期。"大多数时候，我就是那个理解错的人。

我的经验是，要防止因语言和语法差异而引起的误解，最好的方法是建立心理安全空间，在这个空间里，当你犯错时，别人不会因为提醒你而感到别扭。德尼·罗德尼（Denene Rodney）是一家名叫斑马战略跨文化公司的总裁，他告诉我："在开会时，我总是说'我可能会理解错误，如果我说得不对，请告诉我。我不了解所有的文化差异，请及时纠正我。我期待了解你们的文化'。与不同文化的人打交道时，我做的每件事都是有目的的，我的责任就是让他人在谈判桌上感到受欢迎。"[13]

* * *

> 与来自其他文化的人打交道时，要保持好奇心，不要随意指责。问号胜于感叹号。

* * *

以指导心态提问比给出建议更加有效。正如德尼告诉我的那样，不要说："不要这么晚开会！"而要说："我们为什么在这个时间开会?"不要说:"我需要你做这件事!"而要说:"你能帮我吗?"[14]要和其他文化成功沟通就需要那种所谓温和的"女性语言"。

我们都会犯错,如果你犯了错,不要只是为自己辩护,然后转换话题。请说一句道歉的话,"我为我的失误感到抱歉,有没有更好的办法?"承认你的错误,并要求他们帮助你澄清和纠正,抓住机会学习新事物。

嗨,你好,嘿

问候语、签名甚至是邮件主题都会影响线上交流时你给人的第一印象和最后印象。你邮件中使用的问候语、结束语和信息内容一样重要,取决于你来自哪里,在哪里长大。

先说说现实生活中的问候吧!我们是应该和那个人握手,还是行吻面礼?或者是行贴面礼,还是鞠躬或点头?不同文化的人问候的方式也不同,这一点在邮件中也一样。记住一条底线:和不熟悉的人初次进行邮件交流时,要尽量注意礼仪。

跨文化邮件礼仪中最常见的陷阱是弄错他人的性别(这也体现了无意识的偏见)。我自己就收到过这样的邮件,人们称呼我德旺先生,但我只有在必要的时候才会纠正他们。避免错认性别的最好办法就是在问候语后加上一个人的名字。

在高语境文化中（中国、印度和土耳其等国家），请使用更正式的语言。[15] 比如你和一个叫琼（Joan）的人合作，以"亲爱的琼"这种问候开头比较保险。如果只说一个"琼"，前面没有"亲爱的"或"你好"，后面也没有标点，就会让人觉得唐突，甚至是没礼貌。当然，也不要使用讽刺或幽默的语言。

在低语境文化中（德国、美国和加拿大等国家），邮件用"嗨！琼"开头是非常合适的。正如编辑兼作者威尔·施瓦尔贝所说："'嗨'这种称呼非常友好，无伤大雅。"[16] 不管你是否了解一个人，用"嗨"打招呼都是比较安全的方法。

当你和一个来自其他文化的人交谈时，即使问候方式不一致，也不要觉得吃惊。瑞秋是一家公关公司的总裁，有一次她向我讲述了她和几个德国客户合作的经历。她的很多年轻员工认为，在日耳曼语系的沟通方式中，如果德国人说话简洁意味着他们讨厌你。"我就不得不解释，他们没有在问候中写'嘿''嗨'等词语，并不是因为讨厌你，只是因为他们是德国人！"相比之下，瑞秋本人是"X世代"，她喜欢和德国人一起共事，她说："他们说话非常直接，我能清楚地知道我所处的立场。"

那么，"数字结束语"又是什么呢？在说阿拉伯语的人看来，一些英文电子邮件的结尾表达听起来就很冷漠，他们的邮件结束语一般会更为亲切，比如"Taqabalou waafir al-iHtiraam wa al-taqdeer"（致以我全部的尊重和欣赏）。尼日利亚人习惯用"保佑你"做邮件结束语。韩国和澳大利亚学术界最近做了一项比较研究，结果表明，我们结束邮件的方式对收件人能否感受到尊重有很大的影响。研究中40%的韩国受访者表示，澳大利亚人的电子邮件不礼貌，相反，澳大利亚人认为韩国人的邮件不够礼貌的比例仅为28%。[17]

肯·坦恩（Ken Tann）是澳大利亚昆士兰大学交际管理学的讲师，他解释："我们会根据熟悉度和相对地位等因素来决定采用何种结束语。邮件的结尾方式会影响公司的整体形象以及和谐氛围，甚至会直接影响到对方回复邮件的概率。这是因为它传达了一种团结一致的意愿，并反映交际双方对未来关系发展的期待。"[18]

注意，在一些欧洲国家生活的人（西班牙、法国、意大利和葡萄牙等）往往使用不那么正式的问候语和签名。相反，美国人、德国人和英国人常用"亲爱的"（或者只用收件人的名字）作为邮件开头，用听起来正式的语言，比如"真诚的、最好的"作为签名。在美国人的工作邮件中，经常把"祝好"用作邮件签名，但是在英国，有些人认为这样的签名很冷漠。（但英国人认为"顺致敬意"或"祝顺利"就比较有温度，更容易接受。）

"我在英国时，一直以为'顺致敬意'是常用的邮件签名，如果缩短成'祝好'，我担心会冒犯对方。"李安·斯托达特（Leeanne Stoddart）说道，她是一位诗人，也是挪威多家公司的志愿者，[19]出生于英国，但小时候就搬走了。她补充说："像'祝好'这样的话可能会让我陷入恐慌！"

在英国，把"亲亲抱抱"（xoxo）作为信息的结尾常被认为是不合适的（在巴西和其他拉丁美洲的国家是可以接受的一种签名），人们在邮件中普遍使用"干杯"，但在其他国家这个词却很少使用。比如，在美国人的邮件中出现"干杯"，会让人困惑不解。而中国人则不怎么在意签名。

至于头衔，用还是不用呢？在注重等级的文化中，人们非常重视在你签名中看到你的正式头衔。当你和来自德国或日本的同事沟通时，请在你名字的正下方写上你的头衔，因为你的地位决定了别人回复的速度和认真程度。而在其他文化中，你不需要去鼓吹你是某某公司"有远见的创始人"。

建立沟通桥梁

了解自己文化中的沟通风格能助你在全球团队之间建立起重要的联系。以下是一家公司的正确做法。

43岁的泰穆尔（Taimur）是一家全球公司的领导，他管理的230名成员来自16个国家。他们讲10几种语言，年龄从22至61岁不等。在团队中，泰穆尔观察到的第一件事情是团队成员之间有着明显的文化分歧，大家无论是发邮件的时间,还是称呼上级主管的方式都不一样,这影响了他们对每件事情的理解。泰穆尔决定优先解决其中一个分歧,那就是对尊重和平等的看法。公司总部纽约办公室的人认为,他们的员工做了所有重要的工作,而其他地方工作的团队,比如在内罗毕的员工就会感觉自己被遗忘了。当他们做了贡献时,他们感觉是纽约总部的员工得到了所有的功劳。而在阿姆斯特丹的团队成员一致认为,纽约办公室的同事没有注意到欧洲客户的需求。唯一在旧金山工作的团队成员甚至从来没有被人注意过。

显然,泰穆尔有亟待解决的问题,他立刻采取了行动。他开始在沟通中嵌入包容性的语言,比如"拥抱差异","我们共同的目标"。他还用"我们"来称呼所有团队成员,确定项目成功的标准,要求不同的团队搁置分歧,共同努力。在每月的电话会议中,他强调了团队合作如何适应全部门战略,同时也给予每个小团队一样的通话时间。为了保证应该给予的功劳落到实处,他每月都会做一张幻灯片,强调每个办公室所做的贡献以及和所有部门间的关系。除此之外,他每周与全球各部门通电话、发邮件,感谢员工的辛勤付出。

在不同文化中表现出同理心

- 采用人性化的线上沟通方式,通过个人或专业的签到小程序,增进交际双方对彼此的了解。

- 即使是给长期合作的同事或忠实客户发短信或邮件，也要小心使用非正式的语言，除非他们先用偏随意的语气。
- 避免使用缩略语和表情符号，在他人的语言或文化中可能无法理解。

最后，泰穆尔制定了一套规范并实施开来，旨在帮助创建数字化的非正式联系。他要求团队根据自己的角色和头衔更新邮件签名，更新邮件和电话会议的个人简介上的照片，在公司简介的兴趣部分至少添加一个业余爱好。现在，当涉及多个团队的会议开始时，每个人都会互相告知他们所在的位置，在公司中的具体职责和负责的重点领域，所处地区的当地时间。这些小措施开始在团队之间建立更高水平的信任度、熟悉度和同理心，反过来提高了员工的敬业度，思考如何打造更好的产品，并为跨部门创新营造前所未有的空间。

第三部分总结

在本书第三部分，我们探讨了性别、代际和文化背景如何影响我们对数字肢体语言的理解。下面是一套适用于所有群体的最佳实践方案。

不要害怕讨论差异

如果你忽视性别、代际、文化差异,这些差异就会不断扩大。因此最好把这些问题拿到桌面上来讨论,不要假装它们不存在。

思科公司(Cisco)的一位高级主管科恩·巴斯蒂安斯(Koen Bastiaens)表示:"如果与会者之间互不相识,那么在会议开始的时候,我会请团队的每位成员说说自己的背景,让每个人都知道同事们来自哪里。然后,我试着留意团队成员可能喜欢与我交谈的不同方式,并在令他们感到舒适的地方与他们会见。可能在开完会或即时信息聊天之后一对一地打电话,不会那么直接地提问,以获得工作中更准确的最新进展。"展开这种讨论可以降低一些人被团队中更响亮的声音所淹没的风险,并帮助领导者显著地重视他们团队背景的多样性。

时刻做好准备

根据我的经验,快速追踪会议、确认结果和细心沟通的最好方式是事先通知会议议程,无论会议是面对面会议、电话进行会议,还是视频,同语言流利程度不同的人一起工作时尤其如此。请记住:因文化、性别和年龄的不同,对一些人来说,要求他们在电话会议中进行解释说明不仅令人尴尬,还可能被认为是不礼貌的行为。在某些情况下,领导者需要从许多利益相关者那里获得反馈,可以创建子团队并要求他们提前一到两周面对面沟通，收集想法，准备好向更大的小组展示结果。这不仅让每个人都得到显性重视，还有助于实现自信合作。

增强会议参与度

根据不同员工所处的不同时区、员工的不同年龄，实施责任轮班制，增强员工的会议参与度。例如，一位在阿姆斯特丹的领导，努力了两年都未能实现提升团队工作参与度的目标，于是他要求另一名团队成员起草会议的议程并确定小组的对话。他每周都这样做，这样他就有机会听取从其他地方没法听到的意见。一名来自亚洲的团队成员领导了第一次会议，在会议上重点介绍了当地同事完成的幕后工作。有人要求让非总部的同事优先分享他们的工作进展。还有人要求会场的每个人都要加入发言，即使他们的发言与工作关系不大。

通过轮责制激发员工的工作参与度，你的团队才更有可能实现自信合作。在此给你一个很好的建议：在会议结束后，给与会者发送会议记录，通过即时信息或电话寻求反馈，确保每个人获取的信息一致并让团队成员感受到显性重视。

保证公平竞争

使用开视频会议或其他互动式讨论来鼓励团队成员在

会议时全身心投入（这也可以防止他们开会时分心）。尽管不是每个人都会得到相同的发言时间或机会来分享和辩护自己的想法，但是你可以坚持要求每个人从自己的办公室拨号进入会话，对抗这种不平等。这不仅能防止小组一起发言，还能消解远程办公的同事的疏离感，从而提高团队的整体效率。从一开始就建立平等的理念，你便有机会营造一种充分信任的公司文化。

结　语

我动笔写这本书的时候，就深知数字肢体语言的重要性。因为大多数时候，我们都是在虚拟环境中分享信息和表达自我。我曾视数字肢体语言为传统的日常肢体语言的某种补充形式，但事实证明，我的这种想法是错的。我们的传统肢体语言和数字肢体语言本就密不可分。事实上，数字肢体语言正在重塑传统肢体语言、口头交流，甚至是我们的思维方式。

你有多少次发现自己处于以下这种情景：

一群同事坐在一起吃饭，有说有笑。然后其中一个人拿起振动的手机说："等一下，我先回复一下这条信息。"（就像一个酒鬼为自己辩解说"我就喝一杯"，"手机控"最喜欢用的一个词：就。"我就回个信息，就接个电话,就看一眼天气预报,就搜一下这首歌叫什么……")待他发完短信,整个饭桌也已经陷入了沉默。此时,由于没有人挑起话题,大家就都顺其自然地捧起了手机。我的一个朋友就曾将手机比作"快乐杀手"。确是如此,手机虽能协助我们实时获取答案,但我们因此失去的快乐却是不可估量的。

手机集体成瘾症不仅影响我们塑造企业文化,还会使人与人之间产生隔阂。某零售公司的经理大卫(David)曾向我描述过他与同事朱迪思(Judith)会面的场景。"每次我俩见面说话,她要么是接电话要么是回信息,有时甚至能连续查看四五次手机。"大卫补充说,"这件事让我挺苦恼的,关键是朱迪思没察觉这么做有什么问题。我感到不被尊重、不受重视,仿佛是个透明人。"

无论是线上交流还是线下沟通,无论是在办公室里还是在家中,手机已经改变了我们交流的方式。我们有时会发现自己以贴标签或列要点的方式思考问题,我们变得越来越没有耐心,在与他人交谈时,总是期望对方能直奔主题。这种转变在工作场所中尤为明显。

虽然数字化给生活带来的负面影响是真实存在的,但同时它也有很多积极的方面。数字化工具可以帮助我们弥合内向和外向沟通风格之间的差距,为外向的人提供触手可及的交流机会,同时为内向的人减轻会议交流所带来的压力。在依赖数字化技术的工作场所中,许多人不仅能展现自身特质，还有机会发掘自己未曾料想的潜力。

这也是一件好事，因为在未来，即使是最传统最保守的企业也将被迫进行数字化改革。受新冠肺炎疫情影响，我在与家人一同隔离期间完成了这本书。随着世界封锁，许多人开始了第一次居家办公，各公司也很快就适应了Zoom、Webex、FaceTime等软件应用。哦，对了！还有手机。线上办公也没那么糟，管理Slack聊天群组、主持会议的人数激增。我们也擅长通过电子邮件分享信息，跟进工作。现如今，对于每一个可能进入数字领域的企业来说，若要营造清晰、有效率的企业氛围，掌握一套通用的数字肢体语言比以往任何时候都重要。

在完成这本书的过程中，还有一件事发生了变化。最初，我写此书是为了帮助人们理解并减轻普遍存在的职业困惑和痛苦。但我渐渐意识到，了解数字肢体语言的细微差别不仅仅是为了解决问题，它还开辟了一种更深刻更有效的沟通方式，有助于提升个人的包容感和归属感。了解数字肢体语言对企业中的每个人都有好处，从高管到经理到团队成员，我们需要共同营造一种环境，能让每一个好点子都有机会大放异彩。

如今，我们可以从更广阔的视角看待问题。数字肢体语言减少了我们在沟通中可能出现的摩擦，限制了官僚主义做派，创造出了一种清晰的通用语言。我们从而能够合理地分配自身时间与精力。如果使用得当，数字肢体语言还可以消除不同性别、代际和文化之间的差异。研究表明，互动良好的线上工作团队即使从未谋面，他们的表现也优于一起在线下办公的团队。原因是他们充分利用了各类资源和经验，具有优越的洞察力，能从不同的角度看待问题。[1]管理者可通过建立清晰的数字肢体语言标准来培养出更加优秀的团队。

我希望本书能帮助你为21世纪的工作团队搭建沟通的桥梁。若想要在现代职场中取得成功，我们不能停下探索数字肢体语言的脚步。加深对数字肢体语言的了解有助于我们培养信任、建立联系和真诚表达，同时还能优化我们的沟通方式，建立和谐关系。学习数字肢体语言还可以改变我们管理团队、传递爱意、保持联系甚至是生活的方式。

附　录
数字肢体语言指南

如何学以致用？

为了让您有更好的体验，我整理了一篇实用的、具有启发性的指南，可以移步我的主页 ericadhawan.com/digitalbodylanguage 下载这本指南，分享给他人。您也可以在社交媒体上关注话题 # 数字肢体语言 #，通过这个话题标签，了解实用小贴士。

- 数字肢体语言风格指南：一本数字"风格元素"指南，既可以自己使用，也可以与团队成员分享，这本指南涉及一些数字肢体语言的专业使用技巧和注意事项。
- 数字风格团队练习：这里有一些可供你与团队讨

论的问题，揭开数字肢体语言风格差异的神秘面纱，帮助你们建立起更深层次的理解和信任。

- 充分信任：一本团队协调者指南，里面提供了一些基础知识，可帮助你建立良好的数字肢体语言文化。如果你喜欢通过实际案例和反思经验来学习，那么这部分内容会很适合你。

- 充分信任自测问答：一个简短的团队测试，帮助你确定团队中的信任优势和差距，建立充分信任的工作环境。

- 在同事眼中，你的数字肢体语言是怎样的：一个小测试，可以揭示你的数字沟通风格，以及你可能传递的信号（即使非你本意）。

数字肢体语言风格指南

想更快、更高效地传达清晰的数字肢体语言吗？以下是数字风格元素指南适用于任何团队：

- 电子邮件
- 短信和即时信息
- 语音或视频会议

电子邮件

收件人：

- 层级制度很重要。在一些企业文化里，收件人的排列顺序也是有讲究的。把"发送""抄送"和"密送"这三个概念想象成一张老式餐桌。老板坐主座，其他人则根据资历依次排在后面。
- 以工作文化为明镜。如果你的企业文化较为古板保守，记得附上适当的正式问候语、结束语和签名。

建议：罗宾逊先生，或亲爱的萨姆……首席执行官埃丽卡·德旺敬上

不建议：嘿萨姆……埃丽卡

如果你的企业文化较为随性，你的语言可以灵活些，但需谨慎判断，不要引起他人的反感。

电子邮件签名的常见解读

没有签名——相当于尴尬地走出房间。每个人都在想，你是不小心用胳膊肘撞到了发送键，还是你真的不懂礼貌。

只有你的姓名，没有结束语——只有当你和收件人非常熟悉，或者你们已经用电子邮件来回通信超过三到四封时才可以这么使用。

"祝福"——一个不太正式的、轻松的收尾。发件人想让你认为她很好，很专业。但是对于一段新关系来说，我们应该选择使用更正式的用法，如"最美好的祝愿"或"诚挚的问候"。

"祝好"——这种结尾有点过时，没有太多感情色彩的表达，可能会给一些人带来距离感。

"爱你"——不适合工作场合使用。即使对方是你工作上最好的朋友,也不建议这样做。

"真诚地祝愿"——这种正式的结语通常用于公司里级别较低的员工与上级的上级沟通时使用。如果不是在这种情况下使用,那可能是公关人员在处理危机。如果两种情况都不是,使用"真诚地祝愿"就显得太正式了,反而可能让你看起来不那么真诚。

"回聊"——我喜欢把这句话写在行动导向的邮件中,在一些为即将到来的会议或电话做准备工作的邮件中使用。这句话短小精练、随性实用、友善但又带有边界感。

"事先感谢"——实际上,这句话已被证明是最有效的电子邮件结束语![1]

时间:

- 电子邮件的节奏越来越快。南加州大学维特比工程学院 2015 年的一项研究发现,50% 的电子邮件回复是在 1 小时内发出的。而对 20 至 35 岁的发件人来说,这个数字低至 16 分钟。35 至 50 岁的人通常会在 24 分钟内回复,而 50 岁及以上的人大约会在 47 分钟后回复。该研究发表以来,我们的反应速度可以说是越来越快,响应时间越来越短,这正是因为越来越多的人使用手机来回复电子邮件。

- 用"已读回执"来表示对他人的重视。电子邮件已成为一个快节奏的沟通渠道，因此最好让对方知道你已收到了他们的电子邮件，但还需要一些时间才能回复。与其让收件人等待（或变得焦虑），不如设置快速回复："收到！我将在星期二给您答复。"

结构：

- 在收件人打开你的邮件之前，可以通过标题说明事由。标题栏空着也是浪费，一些年长的收件人甚至认为空空的标题栏是一种不尊重他人的表现。仔细想想：发电子邮件的营销人员如何吸引你点开他们的信息？答案就是：一个抓人眼球的标题，比如打折、促销、新品预览或一份清单体。工作中，我们一直在推销自己，那么为什么不让其他人优先考虑你的要求呢？要想做到这一点，首先要写一个具体的、以行动为导向的标题。

　　建议：Roadside 公司项目报告最终版 / 审查人员：EOD/ 时间：4 月 10 日

　　不建议：项目报告

- 直接了当。虽然你不必立即重述主题，但请跳过寒暄这一环节。在大多数情况下，商务邮件不需要询问对方"你今天过得怎么样"，也不需要了解对方孩子过得如何。直接说重点即可。

- 检查语言的清晰度，不要只看语法。任何人都可能对电子邮件感到困惑。你把邮件发给每天都见面的同事，但不意味着他们总能理解你的意图。尽量不要使用含糊不清的语言。重新读读你要发送的邮件，问问自己：如果我是对方，或者在我自己的脑海中，我能理解我要传达的信息吗？这项技能不易培养，因此请向收件人或其他审校人员寻求反馈。如果收件人的回答不能解决你的问题，你也可以请他们说清楚！

    建议：删除最后一页，把总页数减少到 20 页吧

    不建议：这份文件太长了

专业技巧：

- 尽量少用"全体回复"。一般来说，只有当一次性的团队通知或公告时才有必要使用。
- 删减标题。如果电子邮件往来持续超过三四轮，整个标题就会变成一连串的"回复："和"转发："。这时，应该用一个相关的、简洁的、以行动为导向的标题取而代之。
- 避免使用令人产生压力的标题，例如"请致电"或"总经理让你去他办公室见他"等。这不叫以行动为导向。标题尽量简短，但不要忘记包括必要的背景信息。

- 嵌入链接。如果你需要添加链接，请通过 Office、Gmail、雅虎和其他电子邮件程序提供的插入链接功能将其嵌入到文本中。如果你的公司有内部服务器，你可以突出显示文档的位置，并以同样的方式将其嵌入文本中。

什么时候应该把电子邮件切换成其他的沟通方式呢？
- 邮件需要简明扼要。超过 5 句话的电子邮件通常只会被一扫而过！沟通更复杂的主题和任务，请选择打电话或开一个会，或者确保使用项目符号、粗体和斜体文字，同时在最后突出显示操作要点。
- 提供背景信息。除了电子邮件所能提供的内容，我们是否还需要得到更多的信息？如果需要的话，请安排一场面对面会谈或电话会议。

短信和即时信息

包括：手机短信、Skype 信息、Slack 和谷歌聊天等。

随着工作场所正式程度降低，短信和即时信息变成了常用的沟通方式。它们的使用方式极为相似，因此，我们把这两种方式合并探讨。

收件人：
- 较为随意。一般来说，这些渠道的收件人应该是非正式的人员。在短信和即时信息中用来表现语气的简写、表情符号和夸张的标点符号不适合在正式讨论中使用。在专业场合，尽量用完整的句子来进行表达（但不一定把每个词都说全）。缩略语是可以接受的。

时间：

- 即时。大多数情况下，发件人会在 1 小时内得到回复，而更多时候，能在 3 分钟或更短时间内得到回复。如果你在会议期间收到短信不能立即回复，最好让收件人知道原因。
- 表明界限。这些渠道的即时性可能会误导人。人们经常在工作时间之外使用短信和即时信息发送信息，并且也期望得到快速回复。因此，表明界限是合乎情理的。如果对方是第一次在下班后给你发短信，那么你就告诉对方，自己在工作时间才会回复信息。

结构：

- 结构越简单越好。这些都是非正式的渠道，没有必要囊括标题、正式的问候语或者签名。这些都太正式了！

　　建议：嘿，很开心能联系上你！我就是想给你发个短信，这样你就有我的电话号码了。埃丽卡。

不建议：你好，斯蒂芬妮（Stephanie），我是埃丽卡。我们在 2020 年世界领导力大会晚宴上见过面。我很高兴和你取得联系！这是我的电话号码。最好的祝愿，埃丽卡。

- 直奔重点。跟电子邮件相比，短信和即时信息更应该用来转达那些不需要当面交谈或打电话的信息。因为短信最多两到三句话。

建议：嘿，埃丽卡，你这周有空见面讨论一个新项目吗？周二和周四下午 1 点到 5 点你有空打 30 分钟的电话吗？

不建议：亲爱的埃丽卡，近来如何？我最近开展了一个办公室合作的新项目，便想到了你。我很想跟你叙叙旧。

- 谨慎选择你的简写方式。只使用广为人知且你会大声说出来的缩略语。例如，"LMAO"（laugh my ass off，笑尿了）广为人知，但最好不要在一些严肃的环境中使用它。"np"（没问题）就既广为人知又适合在工作中使用。

建议：np，回聊。

不建议：LMAO，当然可以，拜拜。

专业技巧：

- 为常用短语创建一个标准的缩略词列表。

NNTR= 无需回复，SOS= 紧急，*= 错别字。

- 不要通过短信和即时信息发送任何机密信息！记住，即使是加密短信也可以用截图保存记录下来。

那什么时候应该把即时信息会话切换为其他沟通渠道？

- 不要"钓鱼"。如果你给某人发短信或发即时信息说："嘿，你有时间吗？"却需要一段文章那么长的段落来解释你需要什么，那你应该直接给那个人打电话或发邮件。
- 如果事情紧急，必须在工作时间之外发短信的话，你可以直接打电话。如果没这个必要，那这个事情也就没那么紧急了。
- 如果你需要保留谈话记录，就改用电子邮件。

视频会议和电话会议

例如：Webex、Zoom 会议、Skype、谷歌环聊等。

与会者：

- 如有必要，请先自我介绍。线上会议有可能比面对面会议更让人感觉不舒服，特别是当与会者从家里接入会议时。确保每个人在会议开始前能互相确认身份，允许进行几分钟的社交聊天。

时间：

- 长话短说。我们大多数人都习惯了面对面会议和超过 1 小时的会议。在这种环境中，与会者被外界干扰更少，注意力维持的时间更长。线上会议更容易导致精力分散和多任务处理。因此需要提前计划会议安排，并计时进行。高效的线上会议都有预先制订的时间框架，限制每位成员发言的数量。

可以做：请你的团队为一个限定在 60 分钟内的 Zoom 会议提供 3 种解决方案。

不要做：安排了一个 3 小时的 Zoom 会议，并忘记发送会议安排给团队做准备。

结构：

- 举手。视频聊天的一大优势就是可以让你举手发言（比如，在 Zoom 上空格键可以表示举手。）可以防止电话会议的常见问题，比如人们互相交谈或打断他人说话。如果你的软件没有举手功能，你可以在一个侧边聊天框中建立一个。指定一个信号，比如星号键，代表团队成员想要发言。（这一点需要你细心调控，具备良好的领导力。）确保你没有忽略任何人，向那些沉默的人征求意见。

- 要求所有与会者打开摄像头。如果有人开了摄像头，你也应该打开，这是一条规则。摄像头恢复了数字沟通带走的一些肢体语言暗示，同时还可以让团队成员亲眼看到会议室的每个人全身心投入的样子，而不是滚动的照片墙。

- 指定一位主持人。保持固定的主持人选，增添与会者的熟悉感，有助于减少远程工作可能带来的孤独感。建议主持人在议程正式开始之前就开启会议，并安排好要提的问题。

专业技巧：

- 测试设备。如果几天没有使用 Zoom 或者 Skype，请在预定的时间开始前打开软件，测试一下视频和麦克风的效果。这样可以节约每个人的时间，并且可以让你在会议中跳过"你能听见我说话吗"这个部分。

- 保持安静。使用静音键，将容易使人分心的杂音降到最低程度，比如呼吸声、写字声和坐立不安的噪声。但是请注意，不要将静音键看成允许进行多任务处理！

- 放慢语速。练习 5 秒规则，即在要求小组回答问题之后，说话之前等待 5 秒钟。这个时间差允许了你的团队思考你刚才说的内容，同时也填补了无人发言的几秒空白。在他们发言之前，想一下："有没有其他人要先发言？"

什么时候应该将视频会议或者电话会议切换为另一种沟通方式呢？

- 审查会议。和面对面会议一样，数字会议也要明确目标，设想每次会议预期的结果，消除任何缺乏清晰目的或阻碍成功的因素。

数字风格团队练习

全球新冠肺炎疫情给了我们大多数人一段持续的学习时间，了解我们的数字合作中什么是有效的，什么是无效的。如果你的团队还没有建立普遍的规则，那么现在就是最佳的时机。每个团队应该首先考虑成员的喜好、背景和具体职能。以下这些问题能够帮助团队成员了解他们自身的数字肢体语言风格，然后与小组分享。不过要注意相似点和不同点。这些问题能够帮助你建立规范，并避免出现问题。

我的数字肢体语言风格是什么？

1. 其他人与我进行数字沟通的最佳渠道有哪些？
2. 我有什么忌讳的数字肢体语言吗？
3. 当他人和我沟通时，我最看重的是什么？（语言清晰度、责任感，还是行动力？）
4. 我是一个"后天数字适应者"还是"数字原生代"？这一代际差异如何影响我对日常交流的看法？
5. 我的数字风格是否受到以前工作文化或老板的影响？这种影响在我的沟通交流中是如何体现的？

分类列出一些我从他人身上感受到的积极数字肢体语言的最佳案例：

  电子邮件

  群聊

  会议

分类列出一些我从他人身上感受到的积极数字肢体语言的最差案例：

  电子邮件

  群聊

  会议

让团队分享他们的答案，这样每个人都知道他人的喜好和忌讳。进行完整的团队评估，请登录 ericadhawan.com/digitalbodylanguage。

充分信任

以下做法旨在帮助建立实现企业文化最佳清晰度的基础。以下问题分为四类：数字沟通、合作工具、团队精神和会议文化。在每个部分思考我们讨论的四大法则：显性重视、细心沟通、自信合作、充分信任。

数字沟通

基本要素

- 显性重视：放慢语速，仔细思考要说的内容，就好像在做演示一样。再次阅读你的文字，确保你的信息没有拼写错误和存在令人困惑的语言。同时检查信息清晰度，确保你的收件人知道你希望得到什么样的回复。

- 细心沟通：不要过于依赖缩写或发送语义过于宽泛的信息。如果你想简洁表达，请同意并采用一套团队通用的首字母缩略词，以提高数字沟通的效率和清晰度。

  比如：WINFY 表示我需要从你那里得到什么。

  比如：NNTR 表示不需要回复。

  比如：4h 表示我在 4 小时内需要。

- 自信合作：当你阅读数字语言，请先假设它们传递的是最好的意图。请记住：缺少对他人肢体语言和语气的理解会导致我们把说话直接或语速快误解成没有礼貌。

需要思考的问题

1. 在你的团队中，最近发生了哪些数字沟通上的意外？
2. 你的团队是包含更多的"后天数字适应者"，还是更多的"数字原生代"，或者两者都有？这一点是如何在数字沟通中体现出来的？

3. 想想上一次团队沟通为什么使你焦虑、困惑或生气？原因得到了证实吗？还是这是一个误会？

4. 和团队之间进行数字沟通时，你每天遇到的最大障碍和烦恼是什么？

合作工具

基本要素

- 细心沟通：基于信息长度、期望回复时间、正在传输的信息量来建立沟通渠道选择的指南。确保这些原则可以适用于整个团队，尤其是新员工。

  比如：线上讨论敏感的客户信息时，只用公司的电子邮件账号，不要互相发短信、即时信息或通过任何其他数字渠道分享这类信息。

- 自信合作：规定每个工具的合适使用时间，包括回复时间，以及在非工作时间中有哪些工具是禁止使用的。

  比如：请在 24 小时内回复所有的工作邮件。如果 24 小时内没有收到回复，请通过电话或短信联系收件人。

  比如：请不要在工作日晚上 8 时至次日凌晨 5 点之间发送有关工作任务的短信。好好判断信息是否真的紧急，避免违反这条原则。

- 显性重视：找出每个渠道最擅长的几个人。这些人可以帮助你建立指导原则和规定，发挥渠道提倡者的作用，可以适当地指点渠道使用不当的团队成员。

需要思考的问题

1. 你的团队每天使用多少种合作工具？

2. 对自己来说，哪种合作工具能够帮助你成长？考虑可能存在的原因（我们在本书中已经讨论了很多原因），包括对工具的熟悉度以及你对正式度的偏好。

3. 另外，你还会发现自己避免使用哪些合作工具？

4. 在你的公司中有没有人特别擅长使用某种合作工具？他们在做哪些你没有做的事情？

5. 对于什么时候使用哪种工具，你的团队有没有建立一套规范？

6. 你的团队最常使用哪种工具？这对你的团队文化而言意味着什么？

团队精神

基本要素

- 细心沟通：创造非正式会话的空间，在会议开始前进行社交聊天；或者专门创建聊工作任务之外的群组。

- 充分信任：创建一个用于庆祝的空间。以分享有趣的文章、播客或书籍的形式与你的团队分享灵感。
- 显性重视：鼓励你的团队表达感谢，通过互相表扬或在会议开始时公布"最优秀员工奖""本周冠军"等奖励。你可以找到你个人独有的方式来创建团队中的社交联系。"是否"做比"如何"做更加重要。

需要思考的问题

1. 你的团队成员中有"小团体"吗？如何才能弥合这些群体之间的差距，让整个团队联系更加紧密呢？

2. 有没有一个团队成员总是说话声音很大？这样是有益还是扰人？你有哪些方法可以让其他的声音加入进来？

3. 有没有一个团队成员总是很安静？你应该如何鼓励那个人加入讨论呢？

4. 你的团队是如何处理冲突的？有消极对抗行为吗？你在这本书中学到了哪些技巧来化解团队的不良行为或消极情绪呢？

会议文化

基本要素

- 细心沟通：评估会议的原则——5P 原则。

1. 目的（Purpose）：会议的召开目的是否明确？

2. 与会者（Participants）：是否所有相关方（而且只有相关方）都收到了邀请并确定能够出席？

3. 可能出现的问题（Probable issues）：会议期间，最可能出现的问题有哪些？

4. 会议产出（Product）：我们预期会议结束后达成什么效果？

5. 会议流程（Process）：为达成会议目的并实现预期效果，我们应该如何安排会议流程？

- 显性重视：

定期复盘会议。每隔一段时间，反思一下召开这些会议的必要性，需要出席的与会者是否都能够参加，如何改进下一次会议。

- 细心沟通：

确保团队中有人负责在会议结束后通过电子邮件发送会议纪要和行动提纲。

- 自信合作：

在每场会议开始时，组织 5 分钟与任务无关的谈话来暖场。团队成员可以借此了解彼此的状态与目标，讨论需要互相帮助的地方。

- 充分信任：

领导者应该轮换会议主持人、提出问题，并通过各种渠道征求意见，以听取那些不容易被听到的声音，为团队做出贡献。

需要思考的问题：

1. 回想一下你最近参加的一次会议。尝试找出 5P 原则问题的答案，其中是否有没能达到的？

2. 在最近一次会议中，你觉得自己被他人倾听并得到了尊重吗？

3. 若答案为"否"，请找出那些令自己沉默或感到不被尊重的具体时刻，并试问自己这些情况是否可以归咎于沟通上的失误。你是否会设想对方本是好意？自己有必要在不同的平台上发表见解吗？

4. 你们的会议通常是如何安排的，是点对点通知，还是通过助手安排呢？在预定会议之前，你是倾向于提前说明会议召开的必要性，还是会跳过这一步，直接发出会议邀请呢？

5. 如何优化会议流程以确保与会者都能知晓会议召开的原因，并确定最佳的会议时间？

充分信任自测问答

下面的团队小测试能够帮助你确定自身在团队会议、异地会议或静思会中的优势和不足。

请根据自身在所处工作文化中的真实情况，回答下列问题。

1.你收到一个日程提醒，要求你于 1 小时后参会。你是……

a.清楚自己被邀请的原因，已了解议程内容并乐意参加。

b. 不太确定自己收到邀请的原因。

c. 不明白自己为何会被邀请，拖到最后 1 分钟还在想是要当作没看见还是直接取消。

2. 在常规会议期间，与会者们……

a. 都能够积极参与并按照会议流程分享各自领域的信息。

b. 通常会参与并遵循会议流程（如果有的话）。音量较大的同事会占据大部分发言时间，能够提出有价值的想法。经理或团队领导负责会议主持工作。

c. 容易分神，忙于查看邮件或回信息。没有人遵循议程，或者根本没有议程。大家的发言经常被音量略大的同事强行打断，会议气氛紧张。

3. 当你的经理或团队领导给出最后期限时，他们会……

a. 判断任务量大小并考量可能造成工作延迟的外部因素，以确保团队成员了解真实情况。

b. 自行设定或根据客户和其他相关方的需求设定工作期限，并与工作任务一同下达给团队成员。通常情况下，最后期限的设定是基于实际情况的，但有时也会出现时间紧迫的情况。不过由于你无法控制客户和供应商的节奏，所以想这些也没用。

c. 任意设定不切实际的工作期限。比如要求你明天早晨就交付本应花上几天时间才能完成的工作。结果可想而知，你会因此感到很沮丧，劳累过度。

4.在工作中,当你因私人问题而注意力分散时,你会……

a.将自身情况告知团队领导或经理,确信他们将提供帮助并理解你的处境,可能需要调整你的工作量。

b.向自己信得过的同事倾诉,请求他为你保密。同时,你会尽力完成工作,努力度过每一天。不过,你可能不得不将某个重要会议推迟。

c.不告诉任何人,且拒绝调整工作量和日程安排。

5.上级给你分配了某项目,但你不确定自己能否胜任,你会……

a.婉拒这项任务,或者请求指派一位更专业的同事协助自己完成。

b.你不会表露你的担忧,但知道去哪里能找到完成任务所需的资源。在工作伙伴可以抽出时间的前提下,你可能会请某位值得信赖的同事协助自己。

c.你不会与团队倾诉,即使你不知道到哪去找完成任务所需的资源。你得连轴转,完成大量调研工作,甚至是一周工作60小时。

6.上级反馈任务完成情况的频率是……

a.经常反馈。他们会在会议上夸奖团队成员,同时定期做个人项目的反馈,内容具体,成效甚佳。你并不抵触上级以面谈的方式反馈工作。因为你能从既定的定期评估系统中收到可行的改进建议。

b.有时反馈。他们只在大型项目结束时进行工作反馈。当上级提出当面进行反馈的要求时，你会感到不安，即使你确定自己并没有犯错。你很少使用定期评估系统。

c.很少或从不反馈。只有在出现问题时，你才能收到有效的工作反馈。当上级要求与你见面交流工作时，你的焦虑程度就会飙升。

7.你所在组织的评价模式是……

a.全方位的评价。团队中的每个人都有机会听取来自各个层级领导的意见。领导和主管会从他们的下属那里得到评价。同事之间也会展开同级评价。

b.限于上级和下属之间的。上级从其下属那里得到评价。同样地，团队成员也能从领导那里得到评价。不鼓励同事之间互相进行评价。

c.单向的评价。团队领导会评价团队成员，但不接受来自成员们的评价。也不鼓励同事之间互相进行评价。

8.在选择沟通渠道方面，你的团队……

a.对于信息长度、期望响应时间和信息传递量有一套明确的规范。你不必纠结该选择哪种沟通渠道，也不会因同事用错沟通渠道而恼火。

b.未设立明确的规范，但渠道选择相对比较明晰。通常情况下，你不会深究同事使用了哪种沟通渠道，但偶尔也会被以下情况所困扰：突然响起的电话、表意不明的电子邮件或不合时宜的短信和即时信息。

c. 表现得一团糟。缺少相关规范，渠道选择混乱。发出的信息仿佛石沉大海，得不到任何回复。

9. 在汇报的前一晚，你的同事还未将其负责的部分工作内容整合到小组汇报文件中。你……

a. 不会太担心，相信他们可以解决。保险起见，你发出了一条短信，内容如下："嘿，我只是来确认一下！我的部分都做好了，咱们是不是可以把演示文稿整合一下了。期待明天！"

b. 会有点担心。会猜想他们是不是把日期搞错了，甚至是忘记了这件事。你发出了一条短信，内容如下："嘿，你的那部分演示文稿什么时候能发给我呀，我想着在明天汇报之前能把它捋一遍……"

c. 会惊慌失措。你知道他们可能忘记了，或者他们指望你来负责。电话全都没人接，你只能硬着头皮替他们完成余下的工作。

10. 自己在团队中具有个人价值，你……

a. 一直都这样认为。团队要求定期发表工作见解，而你乐于分享自己的观点并提出建议。同事和领导经常会夸赞你所做出的贡献。

b. 当你的专业领域热门且前沿时会这样认为。如果对自己的观点没有百分之百的把握，你就会尽量保持沉默。但你分享出来的想法，通常都会得到团队的认可。

c. 很少或从不这样认为。你尽可能保持沉默，低调完成任务。你所做的工作很少得到团队其他成员的认可。

如果你的选择大多是a，那么恭喜你，你与团队的节奏基本能够保持一致。请持续关注以上问题所涉及的情况，并弥补不足。

如果你的选择大多是b，说明你所在的团队表现不错，但你可以做得更好。建议阅读《数字肢体语言风格指南》(*Digital Body Language Style Guide*)。

如果你的选择大多是c，表明你所在的团队尚有比较大的进步空间。建议从培养团队成员之间的信任感开始努力。

现在，请回顾自己和同事的选择情况。不难注意到大家的选择情况各异。通常，团队领导比团队成员选择a的次数更多，某些部门比其他部门选择a的情况更多。我们需要判断并分析出现较大差异的原因。

在同事眼中，你的数字肢体语言是怎样的？

下面是一种有趣、快速且能有效获取反馈的方法，它将帮助你识别自身可能意识到或未意识到的数字肢体语言信号。首先，请让一位同事确定以下4人谁最能代表你：爱丽丝（Alice）、贝蒂（Betty）、查理（Charlie）还是大卫（David）。

爱丽丝

爱丽丝发送的电子邮件简明扼要。她会花心思写一个内容具体而直接的主题行，同时校对邮件内容以确保表意清晰。在邮件中，她可能会附上一句简单的客套话："祝你度过愉快的一天！"或者是："还有需要我的地方尽管开口哦！"爱丽丝还会在短信和即时信息中使用表情符号，比如在结尾加上笑脸或竖起大拇指的表情。虽然表情符号并未代替文字信息，但能给邮件添上些许生动的情绪。一般来说，爱丽丝会在两到三小时内回复电子邮件，几分钟内回复短信，几乎是立即回复日程邀请。如果不得不延迟回复，她总是会告知同事这一情况。在团队沟通中，爱丽丝遵循沟通指南中的所有规范，非常关注信息的长度、复杂程度以及语言的亲切感。

贝蒂

贝蒂的邮件用语总是很有礼貌。即使她的内心涌起波澜，你往往也察觉不到。她最常用的表情符号是👀。至于回复速度，这取决于发件人是谁。如果是老板，她会第一时间回复。如果是她不喜欢的人，她会稍微延迟回复（不会做得太过分）。

查理

查理发送的电子邮件一般不超过5句话。你和他经常用简短的邮件互相交流,像发短信一样。查理经常使用表情符号,原因是选一张图片比输入一个完整的句子要容易得多。他倾向于用表情符号代替单词甚至句子。为了快速回复,他经常忽略时不时出现的错别字。

大卫

大卫倾向于发送内容冗长的电子邮件,细节丰富,避免了后续的邮件交流或电话沟通。有时他发来的邮件正文有好几个段落,还包含项目列表、相关链接和附件,所有可能用到的一个不落。他认为表情符号不够专业,所以绝不会在工作中使用(说实话,大卫并不清楚其中一些表情符号的意思)。他会在点击"发送"前再三检查将要发出的邮件内容。

如果你的同事选择了爱丽丝:恭喜你,表现很棒!你与他人的交流基础坚实。请思考自己如何凭借此优势来推动自身职业发展吧!

如果你的同事选择了贝蒂:根据工作环境,你的沟通表现可能会被视为一种消极对抗,或者可能使对方颇为困惑。可参考建议如下:

- 显性重视:记得向别人简单地道谢,或让对方接收到"做得不错"的信息。
- 细心沟通:尽量不要在懊恼或沮丧时发送信息。

- 自信合作：直接表明你的需求和感受。

如果你的同事选择了查理：说明你可能会为了速度和效率而放弃信息传递的准确性。可参考建议如下：

- 细心沟通：不妨放慢节奏，尝试问问自己：针对你发出的邮件，收件人是否能够明确自己需要做什么，为什么要做，以及应当在什么时候完成？
- 自信合作：避免发出过于简短的、可能引起焦虑的信息，如"我们需要谈谈"或"可能有用吧"。

如果你的同事选择了大卫：说明你发出的信息可能过于冗杂而导致表意不清。可参考建议如下：

- 细心沟通：可回顾书中关于何时切换沟通渠道的相关内容，谨记信息内容的复杂度也是我们选择沟通渠道的影响因素。
- 自信合作：尝试在打电话和视频沟通方式中找到自己的一席之地！有时我们只是有太多想表达的东西，但选用合适的渠道，通过变换语气和巧妙提问就能加重自身语言的分量。

参考文献

前言

1. Marguerite Ward, "CEO of a $16 Billion Business Says the Way You Write Emails Can Break Your Career," CNBC Careers, November 30, 2016, https://www.cnbc.com/2016/11/30/ceo-of-a-16-billion-business-says-the-way-you-write-emails-can-break-your-career.html
2. Ibid.

第一章：什么是数字肢体语言？

1. The Radicati Group, Inc., "Email Statistics Report, 2020–2024," February 2020, https://www.radicati.com/wp/wp-content/uploads/2019/12/Email-Statistics-Report-2020–2024-Executive-Summary.pdf; The Radicati Group, Inc., "Email Statistics Report, 2015–2019," March 2015, https://www.radicati.com/wp/wp-content/uploads/2015/02/Email-Statistics-Report-2015–2019-Executive-Summary.pdf
2. Justin Kruger, Nicholas Epley, Jason Parker, and Zhi-Wen Ng, "Egocentrism over E-mail: Can We Communicate as Well as We Think?" *Journal of Personality and Social Psychology* 89, no. 6 (December 2005): 925–36, https://doi.org/10.1037/0022–3514.89.6.925
3. Niraj Chokshi, "Out of the Office: More People Are Working Remotely, Survey Finds," *New York Times*, February 15, 2017, https://www.nytimes.com/2017/02/15/us/remote-workers-work-from-home.html
4. Annalise Knudson, "Teens Prefer Texting to Talking, New Survey Shows," silive, September 11, 2018, https://www.silive.com/news/2018/09/teens_prefer_texting_to_talkin.html
5. Lee Rainie and Kathryn Zickuhr, "Americans' Views on Mobile Etiquette,"

Pew Research Center, December 31, 2019, https://www.pewresearch.org/internet/2015/08/26/americans-views-on-mobile-etiquette/
6. Carolyn Sun, "How Do Your Social Media Habits Compare to the Average Person's?" *Entrepreneur*, December 14, 2017, https://www.entrepreneur.com/slideshow/306136
7. Allan Pease and Barbara Pease, *The Definitive Book of Body Language* (New York: Bantam Books, 2006), 10.
8. Katrin Schoenenberg, Alexander Raake, and Judith Koeppe, "Why Are You So Slow? Misattribution of Transmission Delay to Attributes of the Conversation Partner at the Far-End," *International Journal of Human-Computer Studies* 72, no. 5 (May 2014): 477–87, https://doi.org/10.1016/j.ijhcs.2014.02.004

第二章：为什么你的压力这么大？

1. *The Devil Wears Prada*, directed by David Frankel (Beverly Hills, CA: 20th Century Fox Home Entertainment, 2006).
2. John Suler, "The Online Disinhibition Effect," *CyberPsychology & Behavior* 7, no. 3 (2004): 321–26, https://doi.org/10.1089/1094931041291295
3. Keith Ferrazzi, "How to Avoid Virtual Miscommunication," *Harvard Business Review*, March 31, 2020, https://hbr.org/2013/04/how-to-avoid-virtual-miscommun
4. Alina Dizik, "How to Avoid Writing Irritating Emails," BBC Worklife, September 5, 2017, https://www.bbc.com/worklife/article/20170904-how-to-avoid-writing-irritating-emails
5. Ibid.
6. Gareth Cook, "The Secret Language Code," *Scientific American*, August 16, 2011, https://www.scientificamerican.com/article/the-secret-language-code/
7. Eugene Wei, "Pronoun Usage: A Psychological Tell," Remains of the Day, August 26, 2011, https://www.eugenewei.com/blog/2011/8/26/pronoun-usage-a-psychological-tell.html

第三章：你究竟想要表达什么？

1. Katrin Schoenenberg, "Awkward Pauses in Online Calls Make Us See People Differently," *The Conversation*, April 2, 2020, https://theconversation.com/awkward-pauses-in-online-calls-make-us-see-people-differently-26073
2. Alisha Haridasani Gupta, "It's Not Just You: In Online Meetings, Many Women Can't Get a Word In," *New York Times*, April 14, 2020, https://www.nytimes.com/2020/04/14/us/zoom-meetings-gender.html
3. Jessica Stillman, "A Simple Way to Make Conference Calls Less Awkward," *Inc.*, November 18, 2014, https://www.inc.com/jessica-stillman/the-5-second-secret-to-less-awkward-online-meetings.html
4. *Seinfeld*, season 5, episode 4, "The Sniffing Accountant."
5. Emily Torres, "The Danger of Overusing Exclamation Marks," BBC Worklife, June 7, 2019, https://www.bbc.com/worklife/article/20190606-the-danger-of-overusing-exclamation-marks
6. Tanya Dua, "Emojis by the Numbers: A Digiday Data Dump," *Digiday*, May 8, 2015, http://digiday.com/marketing/digiday-guide-things-emoji; Uptin Saiidi,

"Brand Marketers Find a New Way into Your Phone," CNBC, August 19, 2014, https://www.cnbc.com/2014/08/18/emojis-brand-marketers-find-a-new-way-into-your-phone.html
7. Samantha Lee, "What Communicating Only in Emoji Taught Me About Language in the Digital Age," *Quartz*, August 31, 2016, https://qz.com/765945/emojis-forever-or-whatever-im-a-poet/
8. "#CHEVYGOESEMOJI," Chevrolet Pressroom, June 22, 2015, https://media.chevrolet.com/media/us/en/chevrolet/news.detail.html/content/Pages/news/us/en/2015/jun/0622-cruze-emoji.html
9. Eric Goldman and Gabriella Ziccarelli, "How a Chipmunk Emoji Cost an Israeli Texter $2,200," *Technology & Marketing Law Blog*, May 25, 2017, https://blog.ericgoldman.org/archives/2017/05/how-a-chipmunk-emoji-cost-an-israeli-texter-2200.htm
10. Ella Glikson, Arik Cheshin, and Gerben A. Van Kleef, "The Dark Side of a Smiley: Effects of Smiling Emoticons on Virtual First Impressions," *Social Psychological and Personality Science* 9, no. 5 (July 31, 2017): 614–25, https://doi.org/10.1177/1948550617720269
11. Alice Robb, "How Using Emoji Makes Us Less Emotional," *The New Republic*, July 7, 2014, https://newrepublic.com/article/118562/emoticons-effect-way-we-communicate-linguists-study-effects
12. Danielle N. Gunraj, April M. Drumm-Hewitt, Erica M. Dashow, Sri Siddhi N. Upadhyay, and Celia M. Klin, "Texting Insincerely: The Role of the Period in Text Messaging," *Computers in Human Behavior* 55, pt. B (February 2016): 1067–75, https://doi.org/10.1016/j.chb.2015.11.003
13. Paige Lee Jones, Twitter, December 21, 2017, 1:39 p.m., https://twitter.com/paigeleejones/status/943928863163371520
14. Ed Yong, "The Incredible Thing We Do During Conversations," *The Atlantic*, January 4, 2016, https://www.theatlantic.com/science/archive/2016/01/the-incredible-thing-we-do-during-conversations/422439/
15. "The Wireless Industry: Industry Data," CTIA, https://www.ctia.org/the-wireless-industry/infographics-library (accessed April 2, 2020).
16. Alina Tugend, "The Anxiety of the Unanswered E-Mail," *New York Times*, April 20, 2013, https://www.nytimes.com/2013/04/20/your-money/the-anxiety-of-the-unanswered-e-mail.html

第四章：显性重视

1. Christine Porath, "Half of Employees Don't Feel Respected by Their Bosses," *Harvard Business Review*, December 6, 2017, https://hbr.org/2014/11/half-of-employees-dont-feel-respected-by-their-bosses
2. Nicole Spector, "Why Are Big Companies Calling Their Remote Workers Back to the Office?" NBCNews.com, July 27, 2017, https://www.nbcnews.com/business/business-news/why-are-big-companies-calling-their-remote-workers-back-office-n787101
3. Naomi S. Baron, *Words Onscreen: The Fate of Reading in a Digital World* (New York: Oxford University Press, 2016), 168.
4. Ibid.
5. Scott Gerber (CEO, Young Entrepreneur Council), in discussion with the author, May 2019.
6. Aria Finger (CEO, DoSomething.org), in discussion with the author, May 2019.
7. "NPT's Best Nonprofits to Work For 2013," *The NonProfit Times*, April 1, 2013;

"Best Places to Work—DOSOMETHING.ORG," Crain's New York Business, January 1, 2012, https://www.crainsnewyork.com/awards/dosomethingorg-3

8. Sara Algoe, "Putting the 'You' in Thank You," *Journal of Social Psychology*, June 7, 2016, https://journals.sagepub.com/doi/10.1177/1948550616651681
9. Jena McGregor, "The Odd Things People do While Half-Listening on Conference Calls," *Washington Post*, August 21, 2014, https://www.washingtonpost.com/news/on-leadership/wp/2014/08/21/the-odd-things-people-do-while-half-listening-on-conference-calls/

第五章：细心沟通

1. Alon Schwartz, "Does Your Team Know What Success Looks Like?" alonshwartz.com, March 20, 2019, http://alonshwartz.com/2019/03/does-your-team-know-what-success-looks-like/
2. Ibid.
3. Ibid.
4. "Poor Communication Leads to Project Failure One Third of the Time," Coreworx, April 20, 2017, https://info.coreworx.com/blog/pmi-study-reveals-poor-communication-leads-to-project-failure-one-third-of-the-time
5. "The High Cost of Low Performance: The Essential Role of Communications," Project Management Institute, May 2013, https://www.pmi.org/-/media/pmi/documents/public/pdf/learning/thought-leadership/pulse/the-essential-role-of-communications.pdf
6. Daniel Victor and Matt Stevens, "United Airlines Passenger is Dragged from an Overbooked Flight," *New York Times*, April 10, 2017, https://www.nytimes.com/2017/04/10/business/united-flight-passenger-dragged.html
7. Lucinda Shen, "United Airlines Stock Drops $1.4 Billion After Passenger-Removal Controversy," *Fortune*, April 11, 2017, https://fortune.com/2017/04/11/united-airlines-stock-drop/
8. Liam Stack and Matt Stevens, "Southwest Airlines Engine Explodes in Flight, Killing a Passenger," *New York Times*, April 17, 2018, https://www.nytimes.com/2018/04/17/us/southwest-airlines-explosion.html
9. "Southwest Flight Suffers Jet Engine Failure," CNN, April 17, 2018, https://www.cnn.com/us/live-news/southwest-flight-emergency/h_e24cbf88f32766bb168d5bafd6539538
10. WFAA, "Southwest CEO Mourns Loss of Passenger on Dallas-Bound Flight," *YouTube* (video), 18:20, April 17, 2018, https://www.youtube.com/watch?v=hu3yfAA8aI8
11. Wade Foster et al., *The Ultimate Guide to Remote Work (ebook)*, ed. Danny Schreiber and Matthew Guay (Sunnyvale, CA: Zapier, 2015), https://cdn.zapier.com/storage/learn_ebooks/e4fbeb81f76c0c13b589cd390cb6420b.pdf
12. Ibid.
13. Ibid.

第六章：自信合作

1. Tom Monahan, "The Hard Evidence: Business is Slowing Down," *Fortune*, January 28, 2016, https://fortune.com/2016/01/28/business-decision-making-project-management/
2. Ibid.

3. Ibid.
4. Françoise Henderson, "Translating Your Product for the Global Market? Beware the Silo Effect," *Global Trade Mag*, January, 17, 2020, https://www.globaltrademag.com/translating-your-product-for-the-global-market-beware-the-silo-effect/?gtd=3850&scn=
5. Ibid.
6. Ibid.
7. "The 2013 Regulatory Landscape from FinanceConnect:13," May 9, 2013, https://www.youtube.com/watch?v=cbsMDRDBB_o
8. "The Bloody History of 'Deadline,'" Merriam-Webster, https://www.merriam-webster.com/words-at-play/your-deadline-wont-kill-you (accessed April 4, 2020).

第七章：充分信任

1. Amy Feldman, "Away Luggage Hits $1.4B Valuation After $100M Fundraise," *Forbes*, May 15, 2019, https://www.forbes.com/sites/amyfeldman/2019/05/14/at-a-valuation-as-high-as-145b-valuation/#2a5fc8dc33d7
2. Ingrid Angulo, "Facebook and YouTube Should Have Learned from Microsoft's Racist Chatbot," CNBC, March 17, 2018, https://www.cnbc.com/2018/03/17/facebook-and-youtube-should-learn-from-microsoft-tay-racist-chatbot.html
3. Peter Lee, "Learning from Tay's Introduction," *Official Microsoft Blog*, March 25, 2016, https://blogs.microsoft.com/blog/2016/03/25/learning-tays-introduction/#sm.0000x5ncvafjkel7qin1ue35ompd9
4. Justin Bariso, "Microsoft's CEO Sent an Extraordinary Email to Employees After They Committed an Epic Fail," *Inc.*, February 23, 2017, https://www.inc.com/justin-bariso/microsofts-ceo-sent-an-extraordinary-email-to-employees-after-they-committed-an-.html
5. Marco della Cava, "Microsoft's Satya Nadella is Counting on Culture Shock to Drive Growth," *USA Today*, February 20, 2017, https://www.usatoday.com/story/tech/news/2017/02/20/microsofts-satya-nadella-counting-culture-shock-drive-growth/98011388/
6. Shana Lebowitz, "Google Considers This to Be the Most Critical Trait of Successful Teams," *Business Insider Australia*, November 21, 2015, https://www.businessinsider.com.au/amy-edmondson-on-psychological-safety-2015-11
7. Amy Edmondson, "Psychological Safety and Learning Behavior in Work Teams," *Administrative Science Quarterly* 44, no. 2 (June 1999): 350–83, https://doi.org/10.2307/2666999

第八章：性别

1. John Paul Titlow, "These Women Entrepreneurs Created a Fake Male Cofounder to Dodge Startup Sexism," *Fast Company*, September 19, 2017, https://www.fastcompany.com/40456604/these-women-entrepreneurs-created-a-fake-male-cofounder-to-dodge-startup-sexism
2. Ibid.
3. John Gray, *Men Are from Mars, Women Are from Venus: The Classic Guide to Understanding the Opposite Sex* (New York: Harper, 2012).
4. Leah Fessler, "Your Company's Slack is Probably Sexist," *Quartz*, November 20, 2017, https://qz.com/work/1128150/your-companys-slack-is-probably-sexist/

5. Ibid.
6. Daniel N. Maltz and Ruth A. Borker, "A Cultural Approach to Male-Female Miscommunication," in *Language and Social Identity*, ed. John J. Gumperz, *Studies in Interactional Sociolinguistics* (Cambridge: Cambridge University Press, 1983), 196–216, doi:10.1017/CBO9780511620836.013
7. Ibid.
8. Ibid.
9. "Overview," Project Implicit, 2011, https://implicit.harvard.edu/implicit/education.html
10. Leah Fessler, "Your Company's Slack is Probably Sexist," *Quartz*, November 20, 2017, https://qz.com/work/1128150/your-companys-slack-is-probably-sexist/
11. Margarita Mayo, "To Seem Confident, Women Have to be Seen as Warm," *Harvard Business Review*, November 26, 2019, https://hbr.org/2016/07/to-seem-confident-women-have-to-be-seen-as-warm
12. James Fell, "I just said this to my feminist wife and daughter and they both laughed and agreed, so I don't think it qualifies as sexist," Facebook, February 6, 2017, https://www.facebook.com/bodyforwife/posts/1330446537016138
13. James Fell, "Why Men Don't Use Exclamation Points (and Women Do)," James Fell (blog), July 25, 2019, https://bodyforwife.com/why-men-dont-use-exclamation-points-and-women-do/
14. Ibid.
15. Naomi S. Baron, *Always On: Language in an Online and Mobile World* (Oxford: Oxford University Press, 2010), 52.
16. Naomi Baron, "Dr. Naomi Baron: Maximizing and Using Digital Communication Skills in Leadership, Episode #21," *Masters of Leadership with Erica Dhawan* (podcast), May 1, 2018, https://ericadhawan.com/dr-naomi-baron-maximizing-and-using-digital-communication-skills-in-leadership-episode-21/
17. Leah Fessler, "Your Company's Slack is Probably Sexist," *Quartz*, November 20, 2017, https://qz.com/work/1128150/your-companys-slack-is-probably-sexist/
18. Ibid.
19. Ibid.
20. Anil Dash, "The Year I Didn't Retweet Men," Medium, February 13, 2014, https://medium.com/the-only-woman-in-the-room/the-year-i-didnt-retweet-men-79403a7eade1
21. Ibid.
22. Ibid.
23. Ibid.
24. Mark Peters, "The Hidden Sexism in Workplace Language," BBC Worklife, March 30, 2017, https://www.bbc.com/worklife/article/20170329-the-hidden-sexism-in-workplace-language
25. Maxwell Huppert, "5 Must-Do's for Writing Inclusive Job Descriptions," *LinkedIn Talent Blog*, LinkedIn, April 9, 2018, https://business.linkedin.com/talent-solutions/blog/job-descriptions/2018/5-must-dos-for-writing-inclusive-job-descriptions
26. Samantha Cole, "How Changing One Word in Job Descriptions Can Lead to More Diverse Candidates," *Fast Company*, March 24, 2015, https://www

.fastcompany.com/3044094/how-changing-one-word-in-job-descriptions-can-lead-to-more-diverse-candid
27. Yoree Koh, "How Language in Job Listings Could Widen Silicon Valley's Gender Divide," *Wall Street Journal*, December 13, 2017, https://www.wsj.com/articles/how-language-in-job-listings-could-widen-silicon-valleys-gender-divide-1513189821
28. Kieran Snyder, "Language in Your Job Post Predicts the Gender of Your Hire," Textio, June 21, 2016, https://textio.com/blog/language-in-your-job-post-predicts-the-gender-of-your-hire/13034792944
29. Tim Halloran, "Better Hiring Starts with Smarter Writing," Textio, June 16, 2017, https://textio.com/blog/better-hiring-starts-with-smarter-writing/13035166297
30. Noam Scheiber and John Eligon, "Elite Law Firm's All-White Partner Class Stirs Debate on Diversity," *New York Times*, January 27, 2019, https://www.nytimes.com/2019/01/27/us/paul-weiss-partner-diversity-law-firm.html
31. Cassens Weiss, "170 Top In-House Lawyers Warn They Will Direct Their Dollars to Law Firms Promoting Diversity," *ABA Journal*, American Bar Association, January 28, 2019, https://www.abajournal.com/news/article/170-top-in-house-lawyers-warn-they-will-direct-their-dollars-to-law-firms-promoting-diversity
32. Leah Fessler, "Your Company's Slack is Probably Sexist," *Quartz*, November 20, 2017, https://qz.com/work/1128150/your-companys-slack-is-probably-sexist/
33. Ibid.
34. Ibid.
35. Ibid.
36. Susan C. Herring, "Communication Styles Make a Difference," The Opinion Pages, *New York Times*, February 4, 2011, https://www.nytimes.com/roomfordebate/2011/02/02/where-are-the-women-in-wikipedia/communication-styles-make-a-difference
37. Ibid.
38. Sirin Kale, "Working from Home? Video Conference Call Tips for the Self-Isolating," *The Guardian*, March 14, 2020, https://www.theguardian.com/money/2020/mar/14/video-conference-call-tips-self-isolating-coronavirus-working-from-home

第九章：代际沟通

1. Jackie L. Hartman and Jim McCambridge, "Optimizing Millennials' Communication Styles," *Business Communication Quarterly* 74, no. 1 (February 23, 2011): 22–44, https://doi.org/10.1177/1080569910395564
2. Ibid.
3. Meghan McCarty Carino, "Ellipses and Emoji: How Age Affects Communication at Work," *Marketplace*, Minnesota Public Radio, October 23, 2019, https://www.marketplace.org/2019/10/21/ellipses-and-emoji-how-age-affects-communication-at-work/
4. Jenna Goudreau, "How to Communicate in the New Multigenerational Office," *Forbes*, February 14, 2013, https://www.forbes.com/sites/jennagoudreau/2013/02/14/how-to-communicate-in-the-new-multigenerational-office/#2e62918e4a6b

5. Meghan McCarty Carino, "Ellipses and Emoji: How Age Affects Communication at Work," *Marketplace*, Minnesota Public Radio, October 23, 2019, https://www.marketplace.org/2019/10/21/ellipses-and-emoji-how-age-affects-communication-at-work/
6. Christopher Mims, "Yes, You Actually Should be Using Emojis at Work," *Wall Street Journal*, July 20, 2019, https://www.wsj.com/articles/yes-you-actually-should-be-using-emojis-at-work-11563595262
7. Jay Reeves, "Five Tips for Using Emojis Without Getting Sued," *Byte of Prevention Blog*, Lawyers Mutual, April 9, 2020, https://www.lawyersmutualnc.com/blog/five-tips-for-using-emojis-without-getting-sued
8. Rachel Been, Nicole Bleuel, Agustin Fonts, and Mark Davis, "Expanding Emoji Professions: Reducing Gender Inequality," Google LLC, May 11, 2016, https://unicode.org/L2/L2016/16160-emoji-professions.pdf
9. Jazmine Hughes, "Need to Keep Gen Z Workers Happy? Hire a 'Generational Consultant,'" *New York Times Magazine*, February 19, 2020, https://www.nytimes.com/interactive/2020/02/19/magazine/millennials-gen-z-consulting.html

第十章：文化

1. Olga Khazan, "The Countries Where Smiling Makes You Look Dumb," *The Atlantic*, May 27, 2016, https://www.theatlantic.com/science/archive/2016/05/culture-and-smiling/483827/
2. Echo Huang, "Chinese People Mean Something Very Different When They Send You a Smiley Emoji," *Quartz*, March 29, 2017, https://qz.com/944693/chinese-people-mean-something-very-different-when-they-send-you-a-smiley-emoji/
3. Alex Rawlings, "Why Emoji Mean Different Things in Different Cultures," BBC Future, December 11, 2018, https://www.bbc.com/future/article/20181211-why-emoji-mean-different-things-in-different-cultures
4. Ryan Holmes, "Are You Using the Wrong Emojis at Work?" *Forbes*, July 16, 2019, https://www.forbes.com/sites/ryanholmes/2019/07/16/are-you-using-the-wrong-emojis-at-work/#5dcd42252c42
5. Arhlene A. Flowers, *Global Writing for Public Relations: Connecting in English with Stakeholders and Publics Worldwide* (New York: Routledge, Taylor & Francis Group, 2016), 255.
6. Ibid.
7. Erica Dhawan, "How to Create a Culture of Collaboration," *Forbes*, January 27, 2017, https://www.forbes.com/sites/ericadhawan/2017/01/27/how-to-create-a-culture-of-collaboration/#39f710e133fe
8. Eric Barton, "Master the Art of Global Email Etiquette," BBC Worklife, November 7, 2013, https://www.bbc.com/worklife/article/20131106-lost-in-translation
9. Alina Tugend, "The Anxiety of the Unanswered E-mail," Business Shortcuts, *New York Times*, April 19, 2013, https://www.nytimes.com/2013/04/20/your-money/the-anxiety-of-the-unanswered-e-mail.html
10. John Hooker, "Cultural Differences in Business Communication," Tepper School of Business, Carnegie Mellon University, December 2008, https://public.tepper.cmu.edu/jnh/businessCommunication.pdf
11. Lennox Morrison, "The Subtle Power of Uncomfortable Silences," BBC

Worklife, July 18, 2017, https://www.bbc.com/worklife/article/20170718-the-subtle-power-of-uncomfortable-silences
12. Ibid.
13. Denene Rodney (president, Zebra Strategies), in discussion with the author, May 2019.
14. Ibid.
15. Arhlene A. Flowers, *Global Writing for Public Relations: Connecting in English with Stakeholders and Publics Worldwide* (New York: Routledge, Taylor & Francis Group, 2016), 258.
16. Business Insider, "These Are the Best and Worst Ways to Start an Email," *Fortune*, August 10, 2017, https://fortune.com/2017/08/10/email-etiquette-best-worst-start/
17. Margaret Murphy and Mike Levy, "Politeness in Intercultural Email Communication: Australian and Korean Perspectives," *Journal of Intercultural Communication* 12(2006), https://www.immi.se/intercultural/nr12/murphy.htm
18. Christine Ro, "The Beautiful Ways Different Cultures Sign Emails," BBC Worklife, May 10, 2019, https://www.bbc.com/worklife/article/20190508-why-the-way-you-close-your-emails-is-causing-confusion
19. Ibid.

结语

1. Keith Ferrazzi, "Virtual Teams Can Outperform Traditional Teams," *Harvard Business Review*, March 20, 2012, https://hbr.org/2012/03/how-virtual-teams-can-outperfo

附录

1. Adam M. Grant and Francesca Gino, "A Little Thanks Goes a Long Way: Explaining Why Gratitude Expressions Motivate Prosocial Behavior," *Journal of Personality and Social Psychology* 98, no. 6 (2010): 946–55, https://doi.org/10.1037/a0017935

致　谢

这一路上，我得到了许多人的帮助才得以完成此书。在这里，我要特别感谢我的文字指导和经纪人吉姆·莱文（Jim Levine），正因为有你的全程陪伴，我才能走完这段旅程。同时，我要向圣马丁出版社（St. Martin's Press）优秀的图书出版人：蒂姆·巴来特（Tim Bartlett）、艾丽斯·普费弗（Alice Pfeifer）、劳拉·克拉克（Laura Clark）、丽贝卡·朗（Rebecca Lang）、丹妮尔·普里莱普（Danielle Prielepp）、艾伦·布拉德肖（Alan Bradshaw）以及整个麦克米伦（Macmillan）集团表示感谢。

感谢艾比·萨利纳斯（Abby Salinas），你远不止是我的合著者，更是我亲爱的朋友。感谢彼得·史密斯（Peter Smith）和莉莉·史密斯（Lily Smith）帮助我构思整本书。感谢奥米德·拉梅什尼（Omeed Rameshni），您是我多年以来值得信赖的顾问。

在这里，我要大声表白我的先生——拉胡尔。你是我最好的朋友，是我的灵魂伴侣和永远的知己。我要感谢我的父母拉姆·德旺（Ram Dhawan）和尼拉姆·德旺（Neelam Dhawan），感谢你们教会我勇敢面对、体谅和包容他人。感谢我的姐妹尼尔和达蓬，她们在各自的领域中耕耘，她们卓越的表现给我以榜样的力量。

特别感谢这一路上支持我，给予我帮助的朋友们：罗伯·伯克（Rob Berk）、阿伊塞·比尔塞尔（Ayse Birsel）、谢莉·布林德（Shelley Brindle）、艾琳·布里特（Irene Britt）、比尔（Bill）和朱莉·开利（Julie Carrier）、梅格·卡西迪（Meg Cassidy）、阿丽莎·科恩（Alisa Cohn）、林高林（Lin Coughlin）、多莉·克拉克（Dorie Clark）、莱恩·科恩（Laine Cohen）、阿德特·康特拉斯（Adette Contreras）、马克·福迪尔（Mark Fortier）、马歇尔·戈德史密斯（Marshall Goldsmith）、帕特里夏·戈顿（Patricia Gorton）、阿曼达·休伊（Amanda Hughey）、利亚·约翰逊（Leah Johnson）、莫卡斯蒂（Mo Kasti）、卡莉·柯本（Carrie Kerpen）、兰迪·科赫曼（Randi Kochman）、斯蒂芬妮·兰德（Stephanie Land）、阿列克斯·拉普申（Alex Lapshin）、艾薇·林（Ivy Lin）、阿曼达·休吉（Amanda Hughey）、艾米丽·米尔斯（Emily Mills）、威尔·莫雷尔（Will Morel）、斯科特·奥斯曼（Scott Osman）、

迈克尔·帕尔冈（Michael Palgon）、乔丹·波普尔（Jordan Pople）、丹妮·罗德尼（Denene Rodney）、拉杰夫·罗南基（Rajeev Ronanki）、布拉德·席勒（Brad Schiller）、丽莎·桑坦德里亚（Lisa Santandrea）、丽莎·沙莱特（Lisa Shalett）、金沙兰（Kim Sharan）、丹·沙韦尔（Dan Schawbel）、梅沙·肖纳（Maesha Shonar）、达西·维尔洪（Darcy Verhun）和莱斯利·扎伊基斯（Leslie Zaikis）。

这本书完成于新冠肺炎疫情期间。我们应该花些时间想想，在这段特殊的日子里一直默默坚守的那些人，他们完成了义务之外的事情，付出的要比我们想象的多。感谢所有医护人员，感谢冒着风险来到社区帮助我们的人，是他们担起了使命与责任。同时，我要感谢所有与我在Zoom上相遇并分享信息的伙伴。

在完成此书的过程中，我受到了Cotential团队的启发与鼓励，他们通过远程办公来交付重要的工作，并成功帮助数以万计的社区建立联系。

感谢各位忠实的读者，你们拥有独特的感知能力。感谢你们对数字肢体语言的认识与运用，谢谢你们对数字肢体语言相关知识的传播。你们是我眼中的英雄！

作者介绍

埃丽卡·德旺是 21 世纪"合作与连接思维"领域的知名专家。她以主题演讲、组织培训和提供咨询的方式帮助职场人士找到创新的最佳途径。

同时,作者是 Cotential 公司的创始人兼首席执行官。该公司是一家帮助企业、领导者和管理人群利用 21 世纪协作技能来改变行业面貌的全球性组织。

作者还著有畅销书《连接时代:激发潜能、搞定大事的连接思维》(*Get Big Things Done: the Power of connection Intelligence*),该书被列入"美国企业必读书目"。德旺被 Thinkers50(管理思想家排行榜,该榜单每两年评选一次)评为"管理理念的奥普拉(Oprah)",并被全球大师(Global Gurus)评为"全球 30 位专业管理人士"之一。她主持的播客节目"领导大师"(**Masters of Leadership**)曾荣获大奖。

埃丽卡的演讲足迹遍布全球，曾受TEDx、可口可乐、联邦快递、高盛、沃尔玛、SAP和思科等公司邀请进行主题演讲。埃丽卡也曾在达沃斯世界经济论坛发表演讲，并为《福布斯》(*Forbes*)、《哈佛商业评论》(*Harvard Business Review*)和《快公司》(*Fast Company*)等媒体撰稿，同时她还拥有哈佛大学、麻省理工学院和沃顿商学院的学位。

欢迎加入ericadhawan.com/digitalbodylangua社区并关注#digitalbodylanguage话题。

作者的领英（LinkedIn）主页地址：linkedin.com/in/ericadhawan，作者的推特（Twitter）和照片墙（Instagram）账号为：@ericadhawan。

DIGITAL BODY LANGUAGE: How to Build Trust and Connection, No Matter the Distance
Text Copyright © 2021 by Erica Dhawan
Published by arrangement with St. Martin's Publishing Group. All rights reserved.
Simplified Chinese translation copyright © 2022
by China Translation & Publishing House
ALL RIGHTS RESERVED

著作权合同登记图字：01-2021-5024

图书在版编目（CIP）数据

数字肢体语言：线上高效沟通的艺术 /（美）埃丽卡·德旺（Erica Dhawan）著；潘不寒译. —— 北京：中译出版社，2022.9
书名原文：Digital Body Language: How to Build Trust and Connection, No Matter the Distance
ISBN 978-7-5001-7173-7

Ⅰ.①数… Ⅱ.①埃…②潘… Ⅲ.①社会交往-通俗读物 Ⅳ.① C912.3-49

中国版本图书馆 CIP 数据核字 (2022) 第 156814 号

数字肢体语言：线上高效沟通的艺术
SHUZI ZHITI YUYAN: XIANSHANG GAOXIAO GOUTONG DE YISHU

作　　者	[美]埃丽卡·德旺
译　　者	潘不寒
责任编辑	温晓芳
助理编辑	王紫寒　文莉
封面设计	东合社·安宁
内文排版	北京杰瑞腾达科技发展有限公司
地　　址	北京市西城区新街口外大街 28 号普天德胜主楼四层
电　　话	（010）68002926
邮　　编	100044
电子邮箱	book @ ctph.com.cn
网　　址	http://www.ctph.com.cn
印　　刷	中煤（北京）印务有限公司
经　　销	新华书店
规　　格	880mm×1230mm　1/32
印　　张	10
字　　数	185 千字
版　　次	2022 年 10 月第 1 版
印　　次	2022 年 10 月第 1 次

ISBN 978-7-5001-7173-7
定　　价　58.00 元

版权所有　侵权必究
中译出版社